BÖHLAU-STUDIEN-BÜCHER
QUELLEN · DOKUMENTE · MATERIALIEN

DER INVESTITURSTREIT

DER INVESTITURSTREIT

Quellen und Materialien

Herausgegeben, übersetzt
und mit einer Einleitung versehen

von

JOHANNES LAUDAGE

1989

BÖHLAU VERLAG KÖLN WIEN

CIP-Titelaufnahme der Deutschen Bibliothek

Der **Investiturstreit** : Quellen und Materialien / hrsg., übers. u.
mit e. Einl. vers. von Johannes Laudage. – Köln ; Wien :
Böhlau, 1990
   (Böhlau-Studien-Bücher)
   ISBN 3-412-22488-X
   NE: Laudage, Johannes [Hrsg.]

Gesamtherstellung: Hans Richarz Publikations-Service, Sankt Augustin

Printed in Germany
ISBN 3-412-22488-X

INHALT

VORWORT

Das vorliegende Studienbuch wendet sich an einen breiteren Leserkreis. Es ist in erster Linie für den Unterricht an Universitäten und Gymnasien bestimmt, möchte aber auch interessierte Laien ansprechen, die sich über die Mentalität des Investiturstreits mit Hilfe von Quellenaussagen, also gewissermaßen „aus erster Hand", informieren wollen. Die Konzeption des Bändchens ist daher bewußt praxisorientiert: Sämtliche Texte sind mit einer deutschen Übersetzung versehen, der einleitende Essay verzichtet bewußt auf jedes „Fachchinesisch", und die Literaturhinweise am Schluß sollen zum Weiterstudium anregen.

Herzlich danken möchte ich an dieser Stelle vor allem meinem Freund Matthias Riepen sowie meiner Schwester Marie-Luise. Sie haben sich beide bereitgefunden, die Druckfahnen Korrektur zu lesen. Mein Freund hat sich darüber hinaus die Mühe gemacht, sämtliche Übersetzungen genau zu überprüfen. Ihm, der für diese Arbeit viele Stunden seiner Freizeit geopfert hat, sei das kleine Buch gewidmet.

Köln, im März 1989   *Johannes Laudage*

EINLEITUNG

Das Zeitalter des Investiturstreits

Über kaum eine Epoche des Mittelalters ist soviel geschrieben worden wie über das Zeitalter des Investiturstreits. Und doch fällt es uns schwer, sich diesem Abschnitt der europäischen Vergangenheit zu nähern. Zu fremdartig erscheinen uns Menschen wie Papst Gregor VII. († 1085) und König Heinrich IV. († 1106), als daß wir uns ohne weiteres in ihre Mentalität hineinversetzen könnten. Es kann keinen Zweifel geben: Obwohl sich während des Investiturstreits tiefgreifende Veränderungen vollzogen, die bis in die Gegenwart hineinwirken, ist uns diese Epoche ferner denn je. Kaum begreifen wir noch, daß das 11. und frühe 12. Jahrhundert eine Reihe von Entwicklungen hervorgebracht haben, die sich in der katholischen Kirche bis heute bemerkbar machen.

Allerdings erinnern sich noch viele von uns des aufsehenerregenden „Gangs nach Canossa", aber dieses von früheren Generationen als symbolträchtiges Fanal empfundene Ereignis läßt uns doch relativ kalt. Seit uns Historiker wie Georges Duby, Jacques Le Goff und Arno Borst mit dem alltäglichen Leben im hohen Mittelalter bekannt gemacht haben, ist die traditionelle Geschichtsbetrachtung auf dem Rückmarsch. Es erscheint uns in der Regel interessanter, in Erfahrung zu bringen, was die mittelalterlichen Menschen gegessen haben, in welchen Behausungen sie gelebt haben und von welchen Krankheiten sie heimgesucht wurden, als die Frage zu beantworten, von welchen Idealen sie erfüllt waren und für welche Ziele sie ihre gesamte soziale Existenz aufs Spiel setzten.

Vor diesem Hintergrund ist es ein schwieriges Geschäft, sich einem Thema zuzuwenden, das sich ganz im Rahmen der herkömmlichen Mediävistik bewegt. Nichtsdestoweniger scheint mir die Sache lohnenswert. Denn so aufschlußreich es auch sein mag, daß die Menschen des

11. und 12. Jahrhunderts sich vornehmlich von Getreide und Hülsen-
früchten ernährten, daß sie zumeist in zugigen Holzhütten wohnten
und häufig von Lungentuberkulose dahingerafft wurden – Erkenntnisse
von dieser Art reichen (für sich allein genommen) gewiß nicht aus, um
uns die Zeit des hohen Mittelalters etwas näher zu bringen. Hierzu
bedarf es schon eines Blickes auf sämtliche Bereiche des menschlichen
Lebens.

Zwischen der Welt eines Gregor VII. und der unsrigen liegen freilich
nicht nur Jahrhunderte, auch Barrieren des Verstehens tun sich auf.
Dieses Zeitalter des Investiturstreits ist keine fest umrissene Größe wie
die „Ära Adenauer" oder das „Dritte Reich". Seine Konturen sind nur
schwer zu bestimmen, sie verschwimmen immer wieder im Nebel der
Vergangenheit. Aber was sind seine Konturen? Wo liegt die geschichtliche Bedeutung dieser Epoche? Es fällt nicht ganz leicht, darauf eine
bündige Antwort zu geben; denn es besteht keineswegs Einigkeit unter
den Fachgelehrten. Nach mehr als einhundertjähriger wissenschaftlicher
Diskussion ist es noch nicht einmal gelungen, sich über die zeitliche
Begrenzung des Investiturstreits zu verständigen. Ein abschließendes
Urteil steht also nach wie vor aus.

Aber nennt man diese Epoche nicht einen der großen Wendepunkte
der Weltgeschichte? Nun, das ist späteres Historikerlob. Wir kennen so
viele geschichtliche Wendepunkte, daß es sich kaum lohnt, über die
Berechtigung dieses Etiketts ernsthaft nachzudenken. In Wahrheit
gehört der Investiturstreit historisch und geographisch in eine sich
jahrhundertelang hinziehende Phase der Überwindung des europäischen Frühmittelalters. Ähnlich wie in der Stauferzeit gab es auch im
11. und frühen 12. Jahrhundert eine ganze Reihe von neuartigen
Tendenzen zu verzeichnen, die die bestehenden Verhältnisse grundsätz-
lich wandelten. Jede Charakteristik dieser Epoche muß deshalb zunächst einmal von der Frage ausgehen, was sich eigentlich im Zuge des
Investiturstreits alles geändert hat.

Das Investiturproblem

Eine der wichtigsten Veränderungen betraf zweifellos die Praxis bei
der Vergabe kirchlicher Ämter. Zwar sind sich die Historiker schon seit

längerem darüber im klaren, daß diese Frage nur einen Teilaspekt des umfassenderen Problems bildete, welche Stellung die Laien in der Kirche besitzen sollten. Aber dessenungeachtet bleibt die Tatsache bestehen, daß die Auseinandersetzung um die Investitur der Bischöfe, Äbte und sonstigen Kleriker spätestens seit der Zeit Papst Gregors VII. immense politische Bedeutung erlangte und erst durch das Wormser Konkordat vom 23. September 1122 beendet werden konnte. Waren es vor dem Investiturstreit in erster Linie weltliche Große gewesen, die über die personelle Zusammensetzung des hohen Klerus entschieden, so orientierte man sich nach der endgültigen Beilegung der Zwistigkeiten stärker an den Normen des Kirchenrechts: Jetzt besaß die Geistlichkeit das erste Wort, wenn es um die Bestellung neuer Prälaten ging.

Doch wie war es zu diesem Ergebnis gekommen? Müssen wir für diese Entwicklung vor allem herausragende Einzelpersönlichkeiten verantwortlich machen, oder war sie das Resultat einer überindividuellen Zeittendenz? Es liegt auf der Hand, daß die Frage in dieser alternativen Zuspitzung falsch gestellt ist. Denn natürlich bedurfte es beider Faktoren: Es mußten entschlossene Führer vorhanden sein, und es mußte eine breite Zeitströmung existieren, die diese Protagonisten vorantrug. Schon von hierher ergibt sich, daß der Konflikt um die Besetzung kirchlicher Ämter nicht auf die Initiative eines einzelnen (wenn auch noch so großen) zurückgeführt werden kann. Weder Papst Gregor VII. noch einer seiner Vorgänger haben das Investiturproblem erfunden. Es beruhte vielmehr auf der seit den fünfziger Jahren des 11. Jahrhunderts immer stärker Platz greifenden Idee, daß die frühmittelalterliche Verflechtung von geistlicher und weltlicher Rechtssphäre auf die Dauer einen untragbaren Zustand darstelle.

Eines der frühesten und markantesten Zeugnisse für diese Bewußtseinsänderung liefert uns eine Schrift des reformerisch gesinnten Kardinals Humbert von Silva Candida († 1061). In diesem Werk heißt es, daß die weltlichen Fürsten durch die von ihnen praktizierte Ring- und Stabübergabe den vom kanonischen Recht festgelegten Ablauf bei der Bischofserhebung auf den Kopf gestellt hätten. Die hohe Geistlichkeit und die betroffenen Ortsgemeinden seien damit völlig entmachtet worden. Obwohl selbst die von einem Laien vorgenommene Taufe durch das Gebet und die Salbung eines Priesters ergänzt werden müsse,

seien die irdischen Machthaber dazu übergegangen, mittels der Investitur über das Sakrament der Bischofsweihe zu verfügen.

Humbert stand mit dieser Meinung nicht allein. Auch wenn manches an seinen Gedanken so radikal formuliert war, daß es bei den übrigen Reformern auf wenig Gegenliebe stieß, kann man ihn nicht als einsamen Rufer in der Wüste bezeichnen. Im Gegenteil, schon auf der Lateransynode des Jahres 1059 wurden erste legislative Konsequenzen gezogen: Die von über hundert Bischöfen besuchte Versammlung verkündete, daß es fürderhin keinem Kleriker oder Priester gestattet sei, eine Kirche von Laien in Empfang zu nehmen, weder umsonst noch gegen Bezahlung.

Die weitere Entwicklung ist rasch skizziert. Nachdem Papst Alexander II. († 1073) am Ende seiner Amtszeit das Wahlrecht von Klerus und Volk in zwei Einzelfällen gegen die Besetzungsansprüche des deutschen bzw. französischen Königs verteidigt hatte, verschärften sich unter Gregor VII. die Gegensätze. Obwohl der neue Pontifex zunächst auf Ausgleich bedacht war, kam es schon im Jahre 1075 zum großen Zusammenprall: Eine römische Fastensynode bestritt dem deutschen König jegliches Recht auf die Vergabe von Bistümern und schloß alle Laien von der Investitur der Kirchen aus. Damit waren die Weichen für die kommenden Jahrzehnte ein für allemal gestellt. Da kaum einer der weltlichen Machthaber bereit war, auf sein Investiturrecht zu verzichten, wurde der Kampf immer heftiger. Viele Bistümer und Abteien wurden gleich doppelt besetzt, andere blieben über lange Fristen vakant.

Wir brauchen hier nicht im einzelnen zu verfolgen, welche Stationen der Investiturstreit bis zu seiner endgültigen Beilegung im Jahre 1122 durchmachte. Wesentlich erscheinen nur zwei Gesichtspunkte: einmal die Tatsache, daß Papst Urban II. († 1099) die kirchliche Investiturgesetzgebung dadurch verschärfte, daß er den Klerikern jedwede lehnrechtliche Bindung an weltliche Große untersagte, und dann der Umstand, daß man seit der Wende vom 11. zum 12. Jahrhundert immer häufiger zwischen dem weltlichen Besitz der Kirchen und deren geistlichen Gütern, zwischen Temporalien und Spiritualien, unterschied. Diese Distinktion ermöglichte es schließlich, zu tragfähigen Kompromißformeln zu finden. Nach und nach verzichteten sämtliche europäische Herrscher auf die Investitur mit Ring und Stab, den

Symbolen des geistlichen Amtes; sie behaupteten aber das Recht, die Prälaten ihrer Reiche in den weltlichen Besitz der Kirchen einzuführen. Als Gegenleistung für diese Temporalienleihe verlangte man in den meisten Ländern eine vollständige Lehnshuldigung, nur der französische König gab sich ausdrücklich mit einem bloßen Treueid zufrieden. Insgesamt hatte sich das Verhältnis zwischen geistlicher und weltlicher Gewalt damit grundlegend verändert. An die Stelle der frühmittelalterlichen „église au pouvoir des laïques" (E. Amann) war die hochmittelalterliche Amtskirche getreten. Zwar war es den Reformern nicht gelungen, ihre Maximalforderungen zu verwirklichen. Aber das Wesentliche war erreicht: Überall galt das Prinzip, die Bischöfe und Äbte durch freie „kanonische" Wahlen zu ermitteln, und überall war die Verwaltung der Spiritualien allein dem Klerus vorbehalten.

Die Kirchenreform

Das bisher Gesagte mag vielleicht bei manchen den Eindruck erwecken, als habe es sich bei der Geschichte des Investiturstreits vor allem um einen Machtkampf gehandelt, aus dem das Papsttum als eindeutiger Sieger hervorgegangen sei. Tatsächlich aber lagen die Dinge ganz anders. Das 11. und frühe 12. Jahrhundert war in erster Linie eine Phase der geistlichen Erneuerung. Auch wenn die Auseinandersetzung um die Vergabe kirchlicher Ämter häufig im Vordergrund stand, war sie keineswegs das einzige Thema, das die Zeitgenossen bewegte. Mindestens ebenso wichtig war die innere Reform der Kirchenverfassung. Diesem Ziel wurde vieles untergeordnet. Seit den Tagen Papst Leos IX. († 1054) gab es eine breite kirchliche Erneuerungsbewegung. Der Reformeifer richtete sich dabei nicht nur auf die Abschaffung des Klerikerkonkubinats und des Handels mit kirchlichen Ämtern, Gütern und Sakramenten (der sogenannten Simonie); er war zugleich darauf bedacht, die Vorrangstellung des apostolischen Stuhls zu steigern und die Lebensführung der Mönche und Kanoniker zu verbessern.

Wir unterschätzen heute leicht, was diese Dinge in einer Zeit bedeuteten, die ganz wesentlich von christlichen Idealen geprägt war. Macht man sich aber den Umstand bewußt, daß in den Augen vieler Menschen des 11. Jahrhunderts das Seelenheil davon abhing, ob die

Sakramente von würdigen oder unwürdigen Priestern vermittelt wurden, dann ist rasch veranschaulicht, daß der Kampf gegen Simonie und Priesterehe weit mehr war als ein Bemühen um die Durchsetzung kirchenrechtlicher Normen. Noch war es nicht ausgemacht, daß die Gültigkeit eines Sakramentes allein vom Wirken Gottes beeinflußt werde. Kein Wunder, daß es fast fünfzig Jahre dauerte, bis die theologische Kontroverse hierüber allmählich verstummte.

Theologisch weniger brisant, aber für die innere Kirchenstruktur ungleich bedeutsamer war eine andere Entwicklung – die Ausgestaltung des römischen Primats. Hatte sich die Kirche vor dem Investiturstreit in einer Art Schwebezustand befunden, in der die einzigartige Stellung des Papsttums nur der Idee nach abgesichert war, so änderte sich dies durch eine Reihe von tiefgreifenden Reformmaßnahmen. Zwar scheiterte der Versuch Gregors VII., die Schlüsselgewalt des heiligen Petrus auch auf die weltliche Rechtssphäre auszudehnen; aber im Bereich der internen Kirchenverfassung gab es zu Beginn des 12. Jahrhunderts längst schon keinen Zweifel mehr: Nicht der Episkopat, sondern allein der apostolische Stuhl und die von ihm beauftragten Vertreter hatten wichtigere Probleme zu entscheiden. Allein die Lehrtradition der römischen Kirche bestimmte, was katholisch (und was häretisch) war; allein dem Papst und seinen Legaten stand es zu, über Bischöfe zu Gericht zu sitzen.

Doch nicht nur hierin unterschied sich die Kirche des Investiturstreits von der Kirche des Frühmittelalters. Auch im Ordenswesen waren bemerkenswerte Veränderungen zu beobachten. Ein Beispiel mag dies veranschaulichen: War es in einem Kanonikerstift des 10. Jahrhunderts noch gang und gäbe, daß jeder einzelne Geistliche Privateigentum besaß und sich täglich mit vier Pfund Brot und drei Litern Bier stärkte, so geißelte die Lateransynode von 1059 eine derartige Lebensführung als Völlerei von Zyklopen und forderte dazu auf, nach dem Vorbild der Apostel in persönlicher Armut zu leben. Die Zukunft gehörte dem Ideal der „vita apostolica". So zu leben wie die christliche Urgemeinde in Jerusalem wurde während des Investiturstreits das erklärte Ziel aller reformerisch gesinnten Kanoniker.

Ähnliches galt für das Mönchtum. Wenn es im Laufe des 11. und frühen 12. Jahrhunderts eine enorme Zunahme der Eremitengemeinschaften zu verzeichnen gab, dann bedeutete dies vor allem, daß Askese

und Selbstheiligung wieder großgeschrieben wurden. Es war daher schwerlich ein Zufall, daß man auch in den Benediktinerklöstern immer häufiger dazu überging, sich eine strengere Lebensform zu wählen und die Handarbeit zu intensivieren. Die Gemeinschaften herkömmlicher Prägung wurden dabei schließlich völlig in die Defensive gedrängt; allein der neugegründete Zisterzienserorden zählte im Jahre 1153 bereits 350 Abteien.

Der gesellschaftliche Umbruch

Im Gegensatz zu diesen höchst auffälligen Veränderungen im Bereich des Ordenswesens vollzog sich der Wandel in Wirtschaft und Gesellschaft vielfach fast unmerklich. Zwar wissen wir seit einiger Zeit, daß sich die Bevölkerung während des hohen Mittelalters etwa verdoppelte; aber die einzelnen Stadien, in denen diese Entwicklung vonstatten ging, sind nur schwer zu bestimmen. Sicher ist lediglich, daß die Landwirtschaft gegen Ende des 11. Jahrhunderts nicht mehr in der Lage war, den gestiegenen Bedarf an Nahrungsmitteln zu befriedigen. Obwohl das Vordringen der Dreifelderwirtschaft und die Steigerung der Rodungstätigkeit eine Linderung der Hungersnöte ermöglichten, sah man sich immer wieder genötigt, auf das Saatgetreide zurückzugreifen. Erst in der Zeit Friedrich Barbarossas († 1190) gelang es, die Ernährungslage auf Dauer zu stabilisieren.

Auch die Vermehrung der Marktplätze und städtischen Siedlungen brachte erhebliche Probleme mit sich. Gewiß waren das Anwachsen der Geldwirtschaft und die Zunahme von Handel und Gewerbe im Kern durchaus positive Zeiterscheinungen; es entstand jedoch ein deutliches Gefälle zwischen den wohlhabenden Kaufleuten und der einfachen Landbevölkerung. Der soziale Besitzstand der Reichen mußte immer häufiger gegen umherziehende Diebesbanden geschützt werden, vor vielen Klöstern lagerten Hunderte von Armen, die auf Speisung warteten. Doch es gab nicht nur Schattenseiten. So war es zum Beispiel keine Seltenheit, daß unfreie Dienstmannen zu Berufskriegern oder Verwaltungsfachleuten aufstiegen. Zwar wäre es falsch, in jedem Hörigen, der sein Brot mit dem Schwert verdiente, einen echten Parvenü zu

vermuten; aber es gab doch mehr als einen von ihnen, der sich bald als Ritter bezeichnen konnte.

So revolutionär indessen all dies erscheinen mag – es war nichts gegen das, was sich auf dem Felde der Rechtspflege ereignete. Im Zuge der Auflösung des Karolingerreiches war es vor allem im Südwesten Europas zu einem Zustand der Rechtsunsicherheit gekommen. Die Königsgewalt war vielerorts nicht mehr in der Lage, Straftäter zu verfolgen und dem überhandnehmenden Fehdewesen Einhalt zu gebieten. Als Reaktion hierauf hatte sich deshalb eine breite Friedensbewegung gebildet, die ihren Ausgang von Südfrankreich nahm und gegen Ende des 11. Jahrhunderts den Nordwesten Deutschlands erreichte.

Diese Friedensbewegung leitete nun eine Revolution in der Geschichte des Strafrechts ein. Während man bisher ein Delikt in der Regel nur dann verfolgt hatte, wenn der Geschädigte auf Wiedergutmachung (in Form einer Geldbuße) bestand, ging man jetzt mehr und mehr dazu über, den Friedensbruch als solchen zu ahnden, einen Fall also auch unabhängig von der Klage des Betroffenen vor Gericht zu bringen. Dabei brach man schon nach kurzer Zeit mit der alten Tradition, auf den sozialen Stand von Opfer und Täter Rücksicht zu nehmen. Unterschiedslos wurde jeder Verbrecher mit Körperstrafen bedroht; jeder Dieb – ob Adliger oder Unfreier – mußte mit dem Verlust seiner Hand oder seines Augenlichts rechnen. Die Idee der Rechtsgleichheit war geboren.

An dieser Stelle brechen wir ab. Auch wenn es uns nicht gelungen ist, auf sämtliche Lebensbereiche einen Blick zu werfen – eines ist klar geworden: Das Zeitalter des Investiturstreits war in mehr als einer Hinsicht eine Epoche des Umbruchs, eine Phase beschleunigten Wandels. Wenn wir uns im folgenden auf zwei thematische Schwerpunkte, das Investiturproblem und die Kirchenreform, beschränken, so hat dies vor allem praktische Gründe. Da sich diese beiden Themenkreise zu einem harmonischen Ganzen zusammenfügen, ist es leicht, die wichtigsten Entwicklungen durch Quellentexte zu veranschaulichen. Keinesfalls soll damit freilich der Anspruch gestellt werden, die Geschichte der gregorianischen Reform und des Investiturstreits in all ihren Facetten zu erfassen. Angestrebt wurde vielmehr eine möglichst große inhaltliche Geschlossenheit, die es dem Leser ermöglichen soll, selbst Verbindungslinien zu ziehen. Darüber hinaus ist dem Buch eine ausführliche

Spezialbibliographie beigegeben. Sie versteht sich als eine nach sachlichen Gesichtspunkten gegliederte Einführung in die heutige Forschungsdiskussion und soll dem Benutzer die Lektüre und Interpretation der Quellen erleichtern.

TEXTE UND ÜBERSETZUNGEN

Nr. 1

Burchardi Wormaciensis ecclesiae episcopi Decretorum libri viginti,
in: Migne PL 140, lib. I, cc. 1–3, Sp. 549 C–550 C

Cap. I. – *Quod in Novo Testamento post Christum Dominum nostrum
a Petro sacerdotalis coeperit ordo.*

(Ex epistola Anacleti papae ad episcopos Italiae directa.)[1] In Novo
autem Testamento post Christum dominum nostrum, a Petro sacerdotalis coepit ordo, quia ipsi primo pontificatus in Ecclesia Christi datus
est, dicente Domino ad eum: Tu es Petrus, et super hanc petram
aedificabo Ecclesiam meam, et portae inferi non praevalebunt adversus
eam, et tibi dabo claves regni caelorum.[2] Hic ergo ligandi solvendique
potestatem primus accepit a Domino, primusque ad fidem populum Dei
gratia, et virtute suae praedicationis adduxit.

Cap. II. – *De privilegio beato Petro Domini vice solummodo commisso;
et discretione potestatis, quae inter apostolos fuit.*

(Ex epistola Melchiadis papae, Hispanis episcopis directa.)[3] Atque hoc
privilegium beato clavigero Petro, sua vice solummodo commisit, quod
ejus juste praerogativum successit sedi, futuris haereditandum, atque
tenendum temporibus, quomodo et inter beatissimos apostolos fuit
quaedam discretio potestatis. Et licet cunctorum par electio foret, beato
tamen Petro concessum est ut aliis praeemineret, et eorum quae ad
querelam venirent causas, et interrogationes prudenter disponeret.
Quod Dei ordinatione taliter ordinatum esse credimus, ne omnes

---

[1] Dieser angeblich von Papst Anaklet I. († um 90) verfaßte Textabschnitt geht zurück
auf: Decretales Pseudo-Isidorianae et Capitula Angilramni, ed. P. Hinschius (Leipzig
1863) S. 79, 1–7 und Collectionis „Anselmo dedicata" liber primus, ed. J.-Cl. Besse, in:
Revue de droit canonique 9 (1959) S. 214f.; vgl. dazu: M. Kerner, Studien zum Dekret
des Bischofs Burchard von Worms (Diss. Aachen 1969), Bd. 2, S. 35 Anm. 45 und H.
Fuhrmann, Einfluß und Verbreitung der pseudoisidorischen Fälschungen, Bd. 3 (Stuttgart 1974) S. 862 f. Nr. 181.

[2] Mt 16, 18 f.

[3] Auch diese angeblich von Papst Melchiades († 314) stammende Passage läßt sich
höchstwahrscheinlich auf eine doppelte Vorlage, nämlich Decretales Pseudo-Isidorianae,
S. 243, 24–34 und Collectio Anselmo dedicata lib. I, c. 7, S. 216 f. zurückführen; siehe M.
Kerner, Studien 2, S. 36 f. Anm. 48 und H. Fuhrmann, Einfluß 3, S. 924 f. Nr. 306.

Nr. 1

Das Dekret des Bischofs Burchard von Worms
(Buch I, cc. 1–3)

Cap. I. – *Daß im Neuen Testament nach unserem Herrn Christus der priesterliche Stand mit Petrus begonnen habe.*

(Aus einem Brief des Papstes Anaklet, der an die Bischöfe Italiens gerichtet war.)[1] Im Neuen Testament aber begann der priesterliche Stand nach unserem Herrn Christus mit Petrus, weil ja diesem als erstem das Bischofsamt in der Kirche Christi übergeben wurde, als der Herr zu ihm sprach: Du bist Petrus, und auf diesen Felsen werde ich meine Kirche bauen, und die Pforten der Hölle werden sie nicht überwältigen, und ich werde dir die Schlüssel des Himmelreiches geben.[2] Dieser also empfing als erster vom Herrn die Binde- und Lösegewalt und führte als erster das Volk durch die Gnade Gottes sowie die Kraft seiner Predigt zum Glauben.

Cap. II. – *Über das Privileg, das allein dem seligen Petrus an der Stelle des Herrn anvertraut wurde; und über den Unterschied gegenüber der Gewalt, an der alle Apostel Anteil hatten.*

(Aus einem Brief des Papstes Melchiades, der den spanischen Bischöfen zugedacht war.)[3] Und er vertraute allein dem seligen Schlüsselbewahrer Petrus an seiner Stelle dieses Privileg an; und darum ist dessen Vorrangstellung zu Recht auf den Sitz übergegangen als etwas, was den kommenden Generationen vererbt und zu allen Zeiten gewahrt werden muß, so wie es auch unter den überaus seligen Aposteln einen gewissen Unterschied in der Gewalt gab. Und mochte auch die Wahl aller gleich sein, so wurde doch dem seligen Petrus zugestanden, daß er den anderen voranstehe und daß er deren Streitfälle und Fragen klug entscheide. Wir glauben, daß dieses durch die Anordnung Gottes solchermaßen festgelegt worden ist, damit nicht sämtliche ihrer Nachfolger alles für sich beanspruchen, sondern die größeren Fälle, wie es etwa die der Bischöfe sind, und die Sorgen um die gewichtigeren Angelegenheiten stets an dem einen Sitz des seligen Apostelfürsten Petrus zusammenfließen – damit sie von derselben Stelle ein Ende der Urteilssprüche erhalten, von der sie auch den Anfang der Anordnungen

posteri eorum cuncta sibi vendicarent: sed semper majores causae, sicut sunt episcoporum, et potiorum curae negotiorum ad unam beati principis apostolorum Petri sedem confluerent, ut inde suscipiant finem judiciorum unde acceperunt initium institutionum, ne quandoque a suo discreparent capite.

Cap. III. – *Ut summus sacerdos non vocetur Romanus pontifex, sed primae sedis eposcopus.*

(Can. Afric. can. 6.)[4] Ut primae sedis episcopus non appelletur princeps sacerdotum, aut summus sacerdos, aut aliquid hujusmodi, sed tantum primae sedis episcopus.

Nr. 2

Urkunde des Bischofs Johannes von Cesena,
ed. A. Samaritani, in: Analecta Pomposiana 3 (1967) S. 137 f.

(Auszug)

In nomine Patris et Filii et Spiritus Sancti anno Deo propitio pontificatus domini Benedicti[5] summi pontificis et universalis pape in apostolica sacratissima beati petri apostoli Domini sede anno decimo die secundo mensis junii indictione decima et anni ab incarnatione domini mille quadraginta duo post obitum Chonradi[6] imperatoris. Diversa licet in se membra retineat ecclesia mater universalis unita tamen est et ratione fidei et operatione virtutis, nam secundum apostoli sententiam[7] in uno corpore diversa sunt membra omnia autem non eundem actum abentia et in ecclesia diversi sunt ordines, ita quoque morum diverse

---

[4] Dieser auf das dritte Konzil von Karthago aus dem Jahre 397 zurückgehende Kanon war in sämtlichen Kirchenrechtssammlungen, die ihn vor Burchard überlieferten (so z. B. in lib. II, c. 50 der Collectio Anselmo dedicata), auf die Verfassungsverhältnisse in Nordafrika bezogen worden. Der Wormser Bischof ordnete ihn mittels einer Änderung der Rubrik dem *Romanus pontifex* zu und erreichte auf diese Weise eine Beschränkung des päpstlichen Primats. Vgl. dazu: M. Kerner, Studien 1, S. 62 f.

[5] Papst Benedikt IX. (1032–1045/48).

[6] Kaiser Konrad II. († 1039).

[7] Vgl. 1 Kor 12, 12–31.

empfangen haben, und damit sie sich niemals von ihrem Haupt abtrennen.

Cap. III. – *Daß der römische Bischof nicht höchster Priester, sondern Bischof des ersten Sitzes genannt werden soll.*

(Afrikanische Kanones, c. 6)[4] Daß der Bischof des ersten Sitzes nicht Fürst der Priester oder höchster Priester oder irgendetwas dieser Art genannt werden soll, sondern nur Bischof des ersten Sitzes.

Nr. 2

Urkunde des Bischofs Johannes von Cesena
(Auszug)

Im Namen des Vaters und des Sohnes und des Heiligen Geistes, durch Gottes Huld im zehnten Pontifikatsjahr des Herrn Benedikt[5], des höchsten Bischofs und universalen Papstes auf dem überaus geheiligten apostolischen Stuhl des seligen Petrus, des Apostels des Herrn, am zweiten Tag des Monats Juni, in der zehnten Indiktion und im Jahre 1042 seit der Fleischwerdung des Herrn, nach dem Tode des Kaisers Konrad[6]. Mag auch die universale Mutter Kirche verschiedene Glieder beinhalten, so ist sie dennoch geeint sowohl durch die Lehre des Glaubens als auch durch das Werk der Tugend; denn gemäß dem Wort des Apostels[7] gibt es in dem einen Leib verschiedene Glieder, die aber nicht alle dieselbe Tätigkeit haben; und so wie es in der Kirche verschiedene Stände gibt, gibt es auch verschiedene Arten des Lebenswandels. Weil diese aber durchweg auf das eine Haupt, welches Christus ist, zurückgehen, deshalb steht fest, daß die Kirche ein Leib aus allen ist, unteilbar durch die Vorschrift des Glaubens und teilbar durch die Aufgabe der jeweiligen Lebensform. Auf eine Art leben nämlich in der Kirche die Mönche, auf eine andere die Kleriker, und auf eine völlig andere die Laien. Die Mönche entsagen nämlich allem, was

sunt conversationes; sed dum ad unum caput, quod Christus est, generaliter referuntur, constat ecclesiam unum corpus esse ex omnibus individuam proposito credulitatis et dividuam offitio conversationis. Aliter enim in sancta ecclesia monachi, aliter clerici ac longne aliter laici conversantur. Monachi quippe omnibus, quae mundi sunt, renuntiantes seipsos abnegant et post crucifixum Jesum suam crucem portant et dum ab aliis penitus removentur, non aliorum, sed vitam propriam curant. Laici vero dum transitoriis inerent rebus temporalibus utuntur possessionibus, dum conugia excolunt, dum filios nutriunt cumque secularibus negotiis applicantur qui apicem mundane concupisentie contingunt, ab ea necessarie coinquinantur. Sed inter has duas conversationis species media est vita clericorum, qui quanto in ecclesia oportuniores existunt, tanto ipso Domino, qui ecclesie caput est conciniores esse creduntur. Si enim sunt ecclesie oculi qui omnium vitas super omnes positi inspiciunt, et speciali mandato universos pascunt, nimirum ipsi apostolicam imaginem retinent quia a Christo ecclesie pastores effecti in mundum predicaturi missi sunt, ut eius oves passcerent et solum se, sed etiam universas gentes predicationis verbo instructas et exempli imitatione formatas ad eterni regni gaudia ducerent[8] qui acepta potestate in animas ligandi atque solvendi[9] dominicum passebant gregem omnes unanimiter sentientes omnia comuniter possidentes,[10] et sicut unius fidei erant cultores unius Domini predicatores, ita comuniter tamquam nichil abentes omnium erant possessores. Debent itaque clerici qui eorum ordinem imitantur, eorum mores assumere quatenus quibus concordant in nomine, non penitus discrepent in actione. Et ideo ego quidem Johannes divini respectus operatione episcopus cessinas clericorum nostri episcopatus vitam in melius reformare Domino inspirante laborans pravum morem qui actenus in nostra ecclesia fuerat, celesti favore eradicare nisu(s) sum; adolevit enim in nostra ecclesia tam prava consuetudo ut sacerdotes et diacones ceterique ecclesiastici ordines stipendia sua et ecclesie oblationes non comuniter possiderent neque in

---

[8] In diesem Satz werden eine ganze Reihe von neutestamentlichen Stellen verarbeitet; vgl. u. a. Mt 28, 16–20, Mk 16, 14-18 und Jo 21, 15–17.

[9] Vgl. Mt 16, 18 f.

[10] Vgl. Apg 2, 44–47 und 4, 32–37.

von dieser Welt ist, sie verweigern es sich selbst, sie tragen ihr Kreuz nach dem Vorbild des gekreuzigten Christus und sie kümmern sich nicht um das Leben anderer, sondern nur um ihr eigenes, wobei sie sich von den anderen Menschen völlig entfernen. Die Laien aber genießen weltliche Besitztümer, sobald sie den vergänglichen Dingen anhängen; sie, die den Gipfel der weltlichen Begehrlichkeit erreichen, werden von dieser notwendigerweise besudelt, sobald sie ihre Ehefrauen verehren, Kinder großziehen und sich zu weltlichen Geschäften verleiten lassen. Aber mitten zwischen diesen beiden Formen des Lebenswandels gibt es die Lebensweise der Kleriker, von denen man glaubt, daß sie dem Herrn selbst, der das Haupt der Kirche ist, desto ähnlicher sind, je nützlicher sie sich in der Kirche erweisen. Wenn sie nämlich die Augen der Kirche sind, die die Lebensführung aller beobachten, weil sie über allen gelegen sind, und wenn sie durch besonderen Auftrag alle weiden, dann bewahren sie selbst natürlich das Vorbild der Apostel, da diese bekanntlich von Christus zu Hirten der Kirche bestellt und in die Welt zur Predigt geschickt worden sind, um seine Schafe zu weiden und nicht nur sich, sondern auch alle Völker, die durch das Wort der Predigt belehrt und durch die beispielhafte Nachahmung geprägt wurden, zu den Freuden des ewigen Reiches zu führen.[8] Diese weideten die Herde des Herrn, nachdem sie die Binde- und Lösegewalt für die Seelen empfangen hatten,[9] sie waren dabei alle eines Sinnes und hatten alles gemeinsam[10] und so, wie sie Verehrer des einen Glaubens und Verkünder des einen Herrn waren, so waren sie gemeinsam Besitzer aller Dinge, als ob sie nichts besäßen. Daher müssen die Kleriker, welche deren Stand nachahmen, deren Lebenssitten annehmen, damit sie sich von denen, mit welchen sie im Namen übereinstimmen, nicht in der Handlungsweise vollkommen unterscheiden. Und deshalb habe ich, Johannes, durch das Werk der göttlichen Milde Bischof von Cesena, mich mit Hilfe der Inspiration des Herrn bemüht, die Lebensweise der Kleriker unseres Bistums reformierend zu verbessern, und ich habe mit himmlischer Gunst danach gestrebt, die schlechte Sitte, die bis dahin in unserer Kirche vorherrschte, mit der Wurzel auszureißen; denn in unserer Kirche wucherte eine so schlechte Gewohnheit, daß die Priester, Diakone und übrigen kirchlichen Stände ihre Einkünfte und die Oblationen der Kirche nicht gemeinsam besaßen und sie nicht für fromme Dinge verwendeten, sondern sie statt dessen – dem Gewinn der

pias causas expenderent sed turpis avaritie lucro dediti quasi predam invicem dividentes per singulas suas domos deportarent, ubi cum familiaribus suis et quod deterius est, cum mulieribus portiones suas cum summo despectu consummerent. Unde cum consilio Gebeardi[11] et senioris et magistri nostri ravennatis sedis archiepiscopi aliorumque confratrum nostrorum tam episcoporum quam etiam religiosorum abbatum, aliquantos sacerdotes nec non et diacones ceterosque ecclesiastici status in unum collegimus qui ad onorem Dei et sancti Johannis Baptiste comuniter in uno loco conveniant ubi vescantur et dormiant ad serviendum Deo sine intermissione consistant, et ut solummodo divino cultui mancipentur, a populari conversatione remoti fiant. . .

Nr. 3

Anselm von Lüttich, Liber secundus Gestorum pontificum Tungrensis, Traiectensis sive Leodicensis aecclesiae (= Anselmi Gesta episcoporum Leodiensium), ed. R. Koepke, in: MGH SS 7, cc. 65/66, S. 228–230

65. *De apostolico elegendo quid sibi videatur, imperatori respondet.*[12]

Inter haec ad mentem redit, quod cum papa Clemens[13] ex episcopo Bavenbergensi in apostolica sede sublimatus de hac vita discessisset, imperator[14] de subrogando in locum illius alio consilium eius querere animum induxit. Ille autem ut erat in omnibus et in talibus maxime scrutator studiosissimus, vigilanter cum aliis quibus laboris huius partes expenderat, hinc gesta pontificum Romanorum, hinc eorumdem decreta, hinc autenticos canones, capitulare recensere sollicitus fuit. In quibus diligenter revolutis nichil aliud quam summum pontificem, cuiuscumque vitae fuerit, summo honore haberi, eum a nemine umquam iudicari

---

[11] Gebhard, Erzbischof von Ravenna († 1044).

[12] Subjekt dieses Satzes und Hauptperson der im folgenden abgedruckten Abschnitte der Gesta ist Bischof Wazo von Lüttich († 1048).

[13] Papst Clemens II. († 1047), der vormalige Bischof Suidger von Bamberg.

[14] Kaiser Heinrich III. († 1056).

schändlichen Habsucht frönend – untereinander wie eine Beute aufteil-
ten und in ihre einzelnen Häuser wegschleppten, wo sie ihre Anteile auf
höchst verächtliche Weise zusammen mit ihren Hausgenossen und –
was schlimmer ist – zusammen mit Frauen verbrauchten. Daher haben
wir mit dem Rat unseres Herrn und Meisters Gebhard[11], des Erzbischofs des Sitzes von Ravenna, und dem unserer anderen Mitbrüder –
sowohl der Bischöfe als auch der ehrwürdigen Äbte – eine bedeutende
Anzahl von Priestern, Diakonen und anderen Angehörigen des kirchlichen Standes zu einer Gemeinschaft zusammengefaßt, damit sie zur
Ehre Gottes und des heiligen Johannes des Täufers gemeinsam an einem
Ort zusammenkommen, wo sie essen, schlafen und sich ohne Unterbre-
chung zum Gottesdienst versammeln, und damit sie allein der Verehrung Gottes zu eigen gegeben, vom Lebenswandel des Volkes aber
entfernt werden...

Nr. 3

Anselms Gesta der Lütticher Bischöfe
(cc. 66/67)

65. *Er antwortet dem Kaiser, was ihm in bezug auf die Papstwahl
richtig erscheine.*[12]
   Unterdessen kommt mir wieder in den Sinn, daß sich der Kaiser[14]
nach dem Tode des Papstes Clemens[13], der einst als Bischof von
Bamberg auf den apostolischen Stuhl erhoben worden war, entschloß,
seinen (also Wazos) Rat in der Frage zu suchen, ob ein anderer an
dessen Stelle zur Wahl vorgeschlagen werden müsse. Jener aber – genau
wie er auch in allen anderen, ähnlich gearteten Angelegenheiten ein
überaus eifriger Untersucher war – war seit diesem Zeitpunkt sorgsam
darauf bedacht, die Geschichte der römischen Bischöfe, deren Dekrete
und die authentischen Kanones zusammen mit anderen, denen er Teile
dieser Arbeit zugewiesen hatte, ihrem Hauptinhalt nach durchzusehen.
Er konnte in diesen Schriften, die sorgfältig durchgeblättert worden
waren, freilich nichts anderes finden als die Aussage, daß der höchste
Bischof – wie auch immer seine Lebensführung ausgesehen habe – stets
mit höchster Ehre behandelt werden müsse, daß er von niemandem

oportere,[15] immo nullius inferioris gradus accusationem adversus superiorem recipi debere,[16] invenire potuit; et quoniam condictum erat, hanc electionem apostolici pontificis in natale dominico futuram, audacissimus purae veritatis assertor responsalem suum illo transmisit, et ingrata imperatori inter alia confidenter deferri iussit mandamina, quae fuere huiusmodi: *Recogitet, inquit, serenitas vestra, ne forte summi pontificis sedes depositi a quibus non oportuit ipsi divinitus sit reservata, cum is quem vice eius ordinari iussistis defunctus, cessisse videatur eidem adhuc superstiti*[17]. *Quocirca quandoquidem nostram super his flagitare placuit sententiam, desinat sublimitas vestra aliquem in eius locum qui superstes est velle substituere, quia nec divinas nec humanas leges certum est concedere hoc, astipulantibus ubique sanctorum patrum tam dictis quam scriptis, summum pontificem a nemine nisi a solo Deo diiudicari debere. Testor Deum et, quod ego indignus sacerdos vobis iuravi sacramentum, super hoc negotio nichil hac sententia verius, nichil praestantius a me excogitari vel inveniri posse...*

66. *Insimulatus ab imperatore quid fecerit quidve responderit.*[18]

... Sed licet episcoporum consiliis obtemperans in hac parte quodammodo succubuisse videretur, tamen sacerdotali auctoritate ipso die

---

[15] Zur kanonistischen Tradition dieses in verschiedenen Versionen überlieferten Rechtssatzes von der Nichtjudizierbarkeit des Papstes vgl. u. a. A. M. Koeniger, Prima sedes a nemine iudicatur, in: Beiträge zur Geschichte des christlichen Altertums und der byzantinischen Literatur. Festgabe A. Ehrhard (Bonn/Leipzig 1922) S. 273–300, J. A. Moynihan, Papal Immunity and Liability in the Writings of the Medieval Canonists = Analecta Gregoriana 120 (Rom 1961) S. 3 ff., H. Zimmermann, Papstabsetzungen des Mittelalters (Graz/Wien/Köln 1968) S. 2 ff. und M. Kerner, Studien 1, S. 65 und 2, S. 47 f.

[16] Auch dieser Grundsatz besitzt eine so reichhaltige kirchenrechtliche Tradition, daß sich ein Einzelnachweis nicht mehr führen läßt. Allein in den pseudoisidorischen Fälschungen und den sogenannten Capitula Angilramni lassen sich mindestens sechs oder sieben Belegstellen ermitteln, die von Wazo wegen ihrer großen Verbreitung leicht verwertet werden konnten. Vgl. dazu H. Fuhrmann, Einfluß 3, S. 1010.

[17] Gemeint ist offenkundig Papst Gregor VI. († 1047/48), der sich bekanntlich auf der Synode von Sutri (1046) einem Absetzungsverfahren unterziehen mußte.

[18] Die Überschrift bezieht sich auf einen Prozeß, dem sich Wazo wegen seines Verhaltens im Friesenfeldzug des Jahres 1046 oder 1047 stellen mußte. Der folgende Wortwechsel soll sich nach Anselms Aussage unmittelbar nach dem für Wazo negativ ausgegangenen Gerichtsverfahren abgespielt haben.

jemals gerichtet werden dürfe,[15] daß die Klage eines geringeren kirchlichen Grades gegen einen höheren vielmehr in jedem Fall abgewiesen werden müsse;[16] und weil ja schon vereinbart worden war, daß die Wahl des apostolischen Bischofs am nächsten Weihnachtsfest stattfinden solle, schickte der höchst verwegene Beanspruchen der reinen Wahrheit seinen Bevollmächtigten zu jenem und befahl zuversichtlich, dem Kaiser unter anderem unwillkommene Botschaften zu überbringen, die von folgender Art waren: *Bedenkt, sagte er, Eure Erhabenheit, daß der Sitz des von Unbefugten abgesetzten höchsten Bischofs diesem selbst nicht zufällig durch göttliches Walten vorbehalten worden ist, weil der Verstorbene, den Ihr befahlt, an seiner Stelle einzusetzen, diesem, der bis heute am Leben ist,[17] gewichen zu sein scheint. Deshalb weil es einmal für richtig gehalten wurde, über diese Dinge unsere gutachterliche Stellungnahme anzufordern, möge Eure Erhabenheit davon absehen, irgendjemanden an die Stelle dessen zu setzen, der bis jetzt am Leben ist, zumal ja feststeht, daß weder die göttlichen noch die menschlichen Gesetze dies zulassen, und weil sowohl die Aussprüche als auch die Schriften der heiligen Väter allenthalben darin übereinstimmen, daß der höchste Bischof von niemandem außer von Gott allein abgeurteilt werden dürfe. Und ich rufe Gott als Zeugen dafür an, daß ich unwürdiger Priester Euch einen Eid geschworen habe, daß von mir in bezug auf diese Angelegenheit nichts Wahreres und nichts Besseres als diese Stellungnahme ergründet oder gefunden werden kann...*

66. *Was er tat oder auch was er antwortete, nachdem er vom Kaiser angeklagt worden war.*[18]

... Aber auch wenn er den Ratschlägen der Bischöfe gehorchte und in dieser Angelegenheit gewissermaßen nachgegeben zu haben schien, so ist dennoch andererseits bezeugt, daß er seine priesterliche Autorität am selben Tag und auf demselben Hoftag auf folgende Weise gegen den Kaiser ausgespielt hat. Als nämlich während einer so großen und so lange dauernden Beratung für jenen sowohl durch die Krankheit der Fußgicht als auch durch die Altersschwäche belasteten Mann kein Platz zum Sitzen frei war, da sagte er, als der ungeheure Lärm der sich gegenseitig Überschreienden schließlich fast völlig verstummt war: *Dennoch möge es Eure Majestät gerade jetzt für angebracht halten, mir*

et in eodem conventu curialium dictus est hoc modo contra imperatorem usus fuisse. Namque dum in tanta tamque diutina disceptatione illi tam podagrae morbo quam senio gravato nulla ad sedendum copia fuisset, quiescente vix demum insano fragore obstrepentium: *Vel nunc tamen*, inquit, *maiestas vestra mihi decrepito et inbecilli sessum dignetur concedere. Nam etsi Wazo rugis confectus et senio indignus est honorari, tamen sacerdotem et sacro chrismate inunctum dedecet inter populares tam inhoneste fatigari.* Imperator vero, utpote qui eiusmodi homo esset, qui sibi super episcopos potestatem nimis carnaliter, ne dicam ambiciose, quereret usurpare: *Ego vero*, inquit, *similiter sacro oleo data mihi prae caeteris imperandi potestate sum perunctus.* Quem econtra antistes veritatis zelo iusticiaeque fervore vehementer accensus, talibus breviter instruendum esse censuit: *Alia*, inquiens, *est et longe a sacerdotali differens vestra haec quam asseritis unctio, quia per eam vos ad mortificandum, nos auctore Deo ad vivificandum ornati sumus; unde quantum vita morte praestantior, tantum nostra vestra unctione sine dubio est excellentior...*

Nr. 4

Brief Kaiser Heinrichs III. an Abt Hugo von Cluny[19],
ed. P. Kehr, in: MGH DH III. Nr. 263, S. 351

H. dei gratia Romanorum imperator augustus. H. venerabili abbati Cluniacensi[20] gratiam et salutem. Visis sanctitatis tuae litteris admodum gavisi sumus, quas tanto libentius suscepimus, quanto ferventiori studio divinae contemplationi te inherere novimus. In quibus quoniam te dixisti nimium exultasse de reddita nobis sanitate, de concessa cęlitus filii adoptione, grates paternitati tuae referimus, grates ex intimo corde persolvimus. Id etiam non tam summopere mandamus quam humiliter deposcimus, ut tua apud clementissimum dominum nostrum iugis non desit oratio pro rei publicae commodo, pro totius imperii honore, pro

---

[19] Der Brief stammt vermutlich vom Februar oder März des Jahres 1051.
[20] Abt Hugo von Cluny († 1109).

Altersschwachen und Gebrechlichen einen Stuhl zuzugestehen. Denn auch wenn der mit Runzeln und Altersschwäche geschlagene Wazo unwürdig ist, geehrt zu werden, ziemt es sich trotzdem nicht, den Priester und mit heiligem Öl Gesalbten so unehrenhaft unter den Volksgenossen müde werden zu lassen. Der Kaiser aber, der bekanntlich ein so beschaffener Mensch war, daß er sich die Gewalt über die Bischöfe auf überaus weltliche – um nicht zusagen: ruhmsüchtige – Weise zu verschaffen suchte, sagte: *Aber ich bin in gleicher Weise mit heiligem Öl gesalbt, und mir ist deshalb Befehlsgewalt vor allen anderen gegeben.* Der Bischof meinte nun umgekehrt – durch den Wahrheitseifer und die Glut der Gerechtigkeit erhitzt –, den anderen durch Worte von derselben Art kurz belehren zu müssen. Er sagte: *Eine andere ist sie und weit von der priesterlichen unterschieden, diese Eure Weihe, die Ihr da für Euch in Anspruch nehmt, weil Ihr ja schließlich durch diese zum Töten, wir aber auf Geheiß Gottes zum Lebendigmachen gesalbt worden sind; von daher ergibt sich der Schluß: um wieviel das Leben stärker ist als der Tod, um soviel besser ist ohne Zweifel unsere Weihe als die Eure...*

Nr. 4

Brief Kaiser Heinrichs III. an Abt Hugo von Cluny[19]

H.(einrich), durch Gottes Gnade erhabener Kaiser der Römer. Gnade und Heil für H.(ugo), den ehrwürdigen Abt von Cluny[20]. Wir haben uns nach der Durchsicht des Briefes Deiner Heiligkeit sehr gefreut; diesen haben wir um so lieber empfangen, als wir wissen, daß Du mit glühendem Eifer der Verehrung Gottes anhängst. Weil Du darin gesagt hast, daß Du Dich sehr über die uns wiedergeschenkte Gesundheit freust sowie über die in Aussicht gestellte Patenschaft über den vom Himmel geschenkten Sohn, sagen wir Deiner Väterlichkeit Dank, sagen Dank aus innerstem Herzen. Das folgende befehlen wir auch nicht so sehr, als daß wir es demütig erbitten, nämlich, daß Dein ständiges Gebet zu unserem allermildesten Herrn zum Nutzen des Gemeinwesens nicht fehle, zur Ehre des gesamten Kaiserreichs und zu unserem und der Unsrigen Seelenheil, damit uns durch göttliche Fügung der Wohlstand der Kirchen sowie Frieden und Ruhe des

nostra nostrorumque salute, ut divinitus nobis collata prosperitas aecclesiarum et populi totius pax possit esse et tranquillitas. Quis enim sapiens sanum tuam orationem tuorumque non exoptet? Quis insolubili caritatis vinculo retinere non ambiget?[21] – quorum oratio tanto purior quanto ab actibus seculi remotior, tanto dignior quanto divinis conspectibus extat propinquior. Quod autem te pre longinquitate itineris negasti potuisse venire, sicut iussimus, quamquam gratanter tuum suscepissemus adventum, eo ignoscimus tenore ut in pascha ad nos Coloniam venias, si est fieri possibile, quatinus, si audemus dicere, eundem puerum, de quo ita laetatus es, de sacro fonte susciperes et spiritualis pater tuae benedictionis munere signares sicque simul expiati fermento delictorum paschali sollempnitate mereamur perfrui azimis caelestis gloriae.

Nr. 5

Die Briefe des Petrus Damiani,
Teil 1, ed. K. Reindel, in: MGH Briefe der dt. Kaiserzeit IV, 1,
Nr. 40, S. 398 und 400 f. (Auszüge aus dem sog. Liber Gratissimus)

Sincera igitur atque integra fides habet, quod sicut baptismus ita et nihilominus sacerdotalis consecratio nulla sordentium ministrorum labe polluitur, nullo alieni reatus crimine violatur. Sed quantumvis facinorosus, quantislibet sit criminibus involutus ille, qui consecrat, is, qui consecratur, nullo propter hoc sacri muneris detrimento percellitur nec aliqua caelestis gratiae diminutione fraudatur. Non enim ex merito sacerdotis sed ex officio, quo fungitur, consecrationis misterium in alterum propagatur[22], nec expedit in consecratore, qualiter vixit, sed ministerium tantummodo attendendum est, quod accepit. Sicut enim multi sunt, qui baptizandi funguntur officio, et tamen unus est, qui

---

[21] An dieser Stelle ist wohl eine Emendation in *ambiat* vorzunehmen.

[22] Vgl. Augustinus, In Iohannis evangelium tractatus CXXIV, ed. R. Willems, in: CC 36, tract. V, c. 19, S. 52 und Pascasius Radbertus, De corpore et sanguine domini, ed. B. Paulus, in: CC Cont. Med. 16, c. 12, S. 80.

ganzen Volkes verschafft werden können. Denn welcher Weise würde Dein und der Deinigen Gebet nicht herbeiwünschen? Wer würde nicht darum werben[21], es durch das unauflösliche Band der Liebe festzuhalten? – zumal deren Gebet um so reiner ist, je mehr es von weltlichen Geschäften entfernt ist, zumal es um so würdiger ist, je verwandter es den göttlichen Betrachtungen erscheint. Weil Du aber gesagt hast, daß Du wegen der Langwierigkeit der Reise nicht kommen konntest, so wie wir es befohlen hatten, deshalb üben wir – obwohl wir Deine Ankunft dankbar aufgenommen hätten – Nachsicht, damit Du zu Ostern zu uns nach Köln kommst, wenn das möglich gemacht werden kann, weil Du, wenn wir das aussprechen dürfen, denselben Knaben, über den Du so erfreut gewesen bist, aus der heiligen Quelle heben und ihn als geistlicher Vater mit der Gabe Deines Segens auszeichnen sollst; und so laßt es uns, die wir dann vom Sauerteig der Sünden gereinigt sind, verdienen, am Osterfest die ungesäuerten Brote der himmlischen Herrlichkeit zu genießen.

Nr. 5

Petrus Damiani, Liber Gratissimus
(Auszüge)

Der wahre und unverkürzte Glaube beinhaltet also, daß wie die Taufe so auch die Priesterweihe durch keinen Schandfleck sündig erscheinender Amtsinhaber beschmutzt wird und daß sie nicht durch das Verbrechen einer fremden Schuld Schaden erleidet, sondern daß derjenige, der geweiht wird – wie lasterhaft und in beliebig große Sünden verstrickt auf jener sein mag, der konsekriert –, deswegen keineswegs durch den Verlust der geheiligten Gabe zugrunde gerichtet und durch keinerlei Minderung der himmlischen Gnade betrogen wird. Denn nicht aus dem Verdienst des Priesters, sondern aus dem Amt, das dieser versieht, wird das Mysterium der Weihe auf einen anderen übertragen[22], und es lohnt sich nicht, auf den Konsekrator zu schauen, wie beschaffen jener gelebt hat, sondern man muß nur auf das Amt achten, daß er empfangen hat. Denn wie es viele gibt, die den Dienst der Taufe verrichten, und doch nur einen, der tauft, so mag es auch viele

baptizat, ita licet multi sint sacerdotes, unus tamen est, qui proprie ac specialiter consecrat. . .

Quod cum ita sit, quid causae sit, ego non video, cum baptizatus etiam ab heretico non rebaptizetur, cur promotus a symoniaco, sicut dicitur, vel deponatur vel denuo consecretur. Si enim baptismus per homicidam vel adulterum vel etiam hereticum datus ratus habendus est[23], nimirum propter illud evangelicum: *Super quem*, inquit, *videris spiritum descendentem et manentem super eum, hic est qui baptizat*[24], nil omnino causae est, cur non et in consecrationibus ad eundem utrisque sacramenti redeamus auctorem, ut aeque dicamus: Hic est qui consecrat. Numquid enim columba illa super mediatorem Dei et hominum cum virtute baptizandi venit et cum consecrandi virtute non venit? Quid enim accipit, qui baptizatur, nisi Spiritum sanctum? Et rursum quid ille, qui consecratur, nisi Spiritum sanctum? Si ergo propterea quis a quocumque flagicioso baptizatus non rebaptizatur, quia Spiritum sanctum accaepisse creditur non per illius meritum sed per eius officium, et non ab illo sed a Christo, de quo videlicet solo specialiter dicitur: *Hic est qui baptizat*[24], cum et is, qui consecratur, non aliud nisi eundem Spiritum sanctum et ab ipso utique Christo suscipiat, quae inter baptizatum atque consecratum sit in hac parte diversitas, paenitus non videtur.

Nr. 6

Gundechari Liber pontificalis Eichstetensis,
ed. L.C. Bethmann, in: MGH SS 7, S. 245 f. (Auszug)

Post istos[25] autem eiusdem sanctae Aureatensis aecclesiae Gundechar[26] fratrum ultimus, sed tamen tunc temporis dominae imperatricis

---

[23] Vgl. S. Anastasii II papae Epistola 1, c. 7. in: Epistolae Romanorum pontificum genuinae et quae ad eos scriptae sunt a s. Hilaro usque ad Pelagium II., Bd. 1, ed. A. Thiel (Braunsberg 1867, Nachdruck: Hildesheim/New York 1974) S. 620–22.

[24] Vgl. Jo 1, 33.

[25] Gemeint sind die Eichstätter Bischöfe bis zum Jahre 1057.

[26] Gundekar von Eichstätt († 1075).

Priester geben, es gibt doch nur einen, der im eigentlichen und besonderen Sinn die Weihe vollzieht. . . .

Weil dies so ist, weil doch auch jemand, der von einem Häretiker getauft wurde, nicht nochmals getauft wird, sehe ich nicht ein, was es für einen Grund gibt, warum jemand, der von einem sogenannten Simonisten ins Amt befördert wurde, entweder abgesetzt oder nochmals geweiht werden soll. Denn wenn die von einem Mörder, Ehebrecher oder auch Häretiker gespendete Taufe als gültig angesehen werden muß[23] – selbstverständlich wegen jenes Wortes aus dem Evangelium, welches besagt: *Über wem du den Geist herabsteigen und verweilen siehst, der ist es, der tauft*[24] –, dann gibt es überhaupt keinen Grund, warum wir nicht auch bei den Weihen zu demselben Urheber beiderlei Arten des Sakramentes zurückkehren sollen, um in gleicher Weise zu sagen: Dieser ist es, der die Weihe vollzieht. Denn kam etwa jene Taube über den Mittler zwischen Gott und den Menschen mit der Kraft zu taufen und nicht mit der Kraft zu weihen? Was nämlich empfängt derjenige, der getauft wird, wenn nicht den Heiligen Geist? Und andererseits was jener, der geweiht wird, wenn nicht ebenfalls den Heiligen Geist? Wenn also jemand, der von irgendeinem schändlichen Menschen getauft wurde, deswegen keineswegs nochmals getauft wird, weil man glaubt, daß er den Heiligen Geist nicht durch den Verdienst jenes Menschen, sondern durch dessen Dienstleistung empfangen hat und daß er ihn nicht von jenem, sondern von Christus erhalten hat, von dem man nämlich allein im eigentlichen Sinn sagt: *Dieser ist es, der tauft*[24] – dann ist überhaupt nicht zu erkennen, was es in dieser Hinsicht für einen Unterschied zwischen einem Getauften und einem Geweihten geben soll, da doch auch derjenige, der geweiht wird, nichts anderes erhält als ebendiesen Heiligen Geist und da er ihn gewiß von Christus selbst empfängt. . .

Nr. 6

Gundekars Eichstätter Liber pontificalis
(Auszug)

Nach diesen[25] wurde Gundekar[26], der letzte der Brüder derselben heiligen Eichstätter Kirche, aber dessenungeachtet damals Kapellan der

Agnetis[27] capellanus, in hanc eandem sedem 13. Kal. Sept.[28] his subnotatis episcopis presentibus, Luitboldo Magontiacensi archiepiscopo[29], Widone Mediolanensi archiepiscopo[30], Guntherio Babenbergensi episcopo[31], Anshelmo Lucensi episcopo[32], Triburie est anulo investitus; et in 3. Non. Octobris, istis autem subnotatis episcopis presentibus, Luitboldo Mogontino archiepiscopo, Annone Coloniensi archiepiscopo[33], Eberhardo Trevirensi archiepiscopo[34], Widone Mediolanensi archiepiscopo, Gebehardo Ratisponensi episcopo[35], Adalberone Wirceburgensi episcopo[36], Arnoldo Wormaciensi episcopo[37], Chuonrado Spirensi[38], Hecilone Strazburgensi[39], Rumaldo Constantiensi[40], Dietmaro Curiensi[41], Dieterico Wirtunensi[42], Ermenfrido Situnensi[43], Oudalrico Papiensi[44], exceptis abbatibus et alio multo clero, virga pastorali, sui ipsius cleri militiaeque et etiam familiae communi laude et voto, Spire est honoratus, et in 16. Kal. Nov. in sedem episcopalem Dei gratia inthronizatus. In die autem sancti Iohannis apostoli[45] plus caeteris Deo dilecti, in loco qui dicitur Pfolede ad summum gradum provectus est sacerdotis. Interfuit etiam suae consecrationi dominus eius quartus Heinricus rex[46] et eius mater dilecta Agnes imperatrix augusta, cuncta

---

27 Kaiserin Agnes († 1077).
28 Im Jahre 1057.
29 Luitpold von Mainz († 1059).
30 Wido von Mailand († 1071).
31 Gunther von Bamberg († 1065).
32 Anselm von Lucca, der spätere Papst Alexander II. († 1073).
33 Anno von Köln († 1075).
34 Eberhard von Trier († 1066).
35 Gebhard von Regensburg († 1060).
36 Adalbero von Würzburg († 1090).
37 Arnold von Worms († 1065).
38 Konrad von Speyer († 1060).
39 Hezilo von Straßburg († 1065).
40 Rumald von Konstanz († 1069).
41 Dietmar von Chur († 1070).
42 Dietrich von Verdun († 1089).
43 Ermenfried von Sitten († 1084).
44 Ulrich von Pavia († nach 12. 12.1062).
45 27. Dezember.
46 König Heinrich IV. († 1106).

Frau Kaiserin Agnes[27], für eben diesen Sitz an den 13. Kalenden des Septembers[28] in Anwesenheit der folgenden Bischöfe – nämlich des Erzbischofs Luitpold von Mainz[29], des Erzbischofs Wido von Mailand[30], des Bischofs Gunther von Bamberg[31] und des Bischofs Anselm von Lucca[32] – in Tribur mit dem Ring investiert; und an den dritten Nonen des Oktobers wurde er in Gegenwart aber der folgenden namentlich aufgeführten Bischöfe – nämlich des Erzbischofs Luitpold von Mainz, des Erzbischofs Anno von Köln[33], des Erzbischofs Eberhard von Trier[34], des Erzbischofs Wido von Mailand, des Bischofs Gebhard von Regensburg[35], des Bischofs Adalbero von Würzburg[36], des Bischofs Arnold von Worms[37], Konrads von Speyer[38], Hezilos von Straßburg[39], Rumalds von Konstanz[40], Dietmars von Chur[41], Dietrichs von Verdun[42], Ermenfrieds von Sitten[43] und Ulrichs von Pavia[44] –, abgesehen von den Äbten und einer Vielzahl von anderem Klerus, unter dem einstimmigen Beifall und Votum seines eigenen Klerus, seiner bewaffneten Dienerschaft und auch seiner Familia in Speyer mit dem Hirtenstab ausgezeichnet sowie an den 16. Kalenden des Novembers durch die Gnade Gottes feierlich auf den Bischofsstuhl gesetzt. Am Tage des heiligen Apostels Johannes[45], der von Gott mehr als alle anderen geliebt worden war, wurde er an einem Ort, der Pöhlde genannt wird, zum höchsten Grad des Priesteramtes befördert. Bei seiner Weihe waren auch zugegen sein Herr, König Heinrich IV.[46], und dessen geliebte Mutter Agnes, die erhabene Kaiserin, welche für ihren Kapellan alles in die Wege leitete, was für seine Weihe notwendig war – als ob sie es für einen Sohn tun müsse. Ferner nahm an derselben Weihe teil der Herr Hildebrand[47], Kardinalsubdiakon des heiligen römischen und apostolischen Stuhls, der damals mit einer apostolischen Legation in diese Gegend zu König Heinrich betraut war. Darüber hinaus waren auch zugegen die schon genannten Mitbrüder im Bischofsamt, die bei der Weihe brüderliche und großzügige Hilfe gewährten – nämlich Erzbischof Luitpold von Mainz, Erzbischof Engelhard von Magdeburg[48], Erzbischof Adalbert von Bremen[49], Bischof Rumald von Konstanz, Konrad von Speyer, Gunther von Bamberg, Hezilo von Hildesheim[50], Immad von Paderborn[51], Sizo von Verden[52], Brun von Meißen[53], Woffo von Merseburg[54], Anselm von Lucca, Ermenfried von Sitten und einer aus der Gegend, die Polen genannt wird.

ad eius ordinationem necessaria disponens pro capellano, quasi deberet
pro filio. Interfuit etiam eidem consecrationi dominus Hiltebrandus[47],
sanctae Romanae et apostolicae sedis cardinalis subdiaconus, tunc
temporis in has partes ad regem Heinricum apostolica legatione functus.
Insuper etiam affuere iam prefati episcopi confratres, fraternum et
benignum in ordinando prebentes auxilium, Luitboldus Mogontinus
archiepiscopus, Engilhardus Magadeburgensis archiepiscopus[48], Adal-
bertus Premensis archiepiscopus[49], Rumaldus Constantiensis episcopus,
Chounradus Spirensis, Guntheri Babenbergensis, Hecil Hilteneshei-
mensis[50], Immeto Podelbrunnensis[51], Sizo Verdunensis[52], Brun Mise-
nensis[53], Woffo Merseburgensis[54], Anshelm Lucensis, Ermenfridus
Situnensis, et unus de regione quae dicitur Bolani.

Nr. 7

Humberti Cardinalis Libri III. Adversus Simoniacos,
ed. F. Thaner, in: MGH K. d. l. 1, Praefatiom S. 100–102 und
Lib. III, c. 6, S. 205 f.

INCIPITUR PRAEFATIO HUMBERTI CARDINALIS EPISCOPI
SANCTAE ROMANAE ECCLESIAE IN RESPONSIONE SUA
CONTRA SYMONIANOS

Ne sibi sapiens videatur, respondere stulto[55] cogimur, qui titulo
frontis tractatus, immo latratus sui eraso nomineque suppresso impu-
denter persuadere conatur non separandum a vili pretiosum[56], nec

---

[47] Kardinal Hildebrand, der spätere Papst Gregor VII. († 1085).
[48] Engelhard von Magdeburg († 1063).
[49] Adalbert von Bremen († 1072).
[50] Hezilo von Hildesheim († 1079).
[51] Imad von Paderborn († 1076).
[52] Sizo von Verden († 1060).
[53] Brun von Meißen († 1063).
[54] Woffo von Merseburg († 1058).
[55] Vgl. Spr 26, 5.
[56] Vgl. Jer 15, 19.

Nr. 7

Humbert von Silva Candida, Adversus Simoniacos (Auszüge)

ES BEGINNT DAS VORWORT HUMBERTS, DES KARDINAL-
BISCHOFS DER HEILIGEN RÖMISCHEN KIRCHE, ZU SEI-
NER ENTGEGNUNG AUF DIE SIMONISTEN

Damit er sich nicht als weise betrachtet, sind wir gezwungen, dem
Dummkopf zu antworten[55], der – obwohl der Titel seines Traktates,
besser: seines Gebells, durch eine Rasur beseitigt und sein Name
unterdrückt wurde – schamlos davon zu überzeugen versucht, daß man
das Kostbare nicht vom Wertlosen trennen dürfe[56] und daß es keinen
Unterschied gebe zwischen etwas Heiligem und etwas Profanem, etwas
Reinem und etwas Unreinem[57]. Und da das göttliche Gesetz nun einmal
einen nicht unbeträchtlichen Unterschied macht zwischen Aussatz und
Aussatz[58], behauptet dieser abenteuerliche Wortverdreher und teufli-
sche Beweisführer wie ein zweiter Iovinianus[59] und ein wiederaufer-
standener Stoiker, daß ein und dieselbe Gnade den Katholiken und
Häretikern innewohne und helfe sowie daß es keinen Unterschied
mache, ob es sich außerhalb oder innerhalb der katholischen Kirche
ereigne, daß die Verwaltung aller beliebigen Sakramente Christi zustan-
de gebracht oder verrichtet werde, weil er meint, daß die Fülle des
Heiligen Geistes innerhalb oder außerhalb dieser unterschiedslos und in
gleicher Weise wirke und daß weder etwas herbeigeschafft werden
könne für die, die zur katholischen Kirche zurückgekehrt seien, noch
weggenommen denen, die sich von derselben abgewendet hätten... Ein
Häretiker aber ist derjenige, der von der katholischen Glaubenslehre
abweicht, indem er etwas glaubt und verteidigt, was man nicht glauben
darf, sei es über Gott oder sei es über seine Kreaturen. Aber dennoch
darf man jemanden nicht sofort als Häretiker bezeichnen, wenn er
einmal eine gegen den Glauben verstoßene Meinung vertreten hat,
sondern nur dann, wenn er seine Auffassungen und Ansichten hartnäk-
kig und unvernünftig verteidigt hat. Und daher muß man ihm bald aus
dem Weg gehen, wie derselbe Apostel (Paulus) lehrt: *Einem häretischen
Menschen gehe aus dem Weg, wenn er bereits zweimal getadelt wurde.
Denn ein solcher Mensch ist verderbt und versündigt sich, wobei er
durch seinen eigenen Urteilsspruch verdammt wurde.*[60] Wenn also ein

aliquid differre sanctum et profanum, mundum et immundum[57]. Et quandoquidem inter lepram et lepram lex divina nonnullam faciat distanciam[58], hic prodigiosus tergiversator et daemoniosus argumentator, velut alter Iovinianus[59] et redivivus stoicus, unam eandemque catholicis et hereticis contendit inesse et cooperari gratiam, nichilque referre, utrum extra an intra catholicam ecclesiam contingat fieri aut haberi quorumlibet sacramentorum Christi administrationem, cum intra vel extra eam indifferenter et aequaliter operari censeat Spiritus sancti plenitudinem; nec posse aliquid conferri ad catholicam reversis nec auferri ab ipsa aversis... Hereticus autem est, qui a fide catholica dissentit, credens et defendens quod non est credendum, sive de Deo sive de creaturis eius. Nec tamen quis continuo hereticus habendus est, ubi quid contra fidem senserit, sed ubi obstinate et irrationabiliter sensa sua vel opiniones defenderit. Et ideo mox devitandus, ut idem ait apostolus: *Hereticum hominem post unam et secundam correptionem vita. Subversus est enim qui eiusmodi est, et delinquit proprio iudicio condempnatus*[60]. Quodsi cum tali abhominatione et tam repentina animadversione damnandus et abiciendus est hereticus, defensor eius quid meretur? Qui enim aliorum herrorem defendit, multo est damnabilior et notabilior illis, quia non solum ipse errat, sed aliis offendicula erroris praeparat et confirmat. Unde quia magister erroris, non tantum hereticus, sed heresiarcha[61] quoque, qui eiusmodi est, recte dicitur, utpote in errore primus.

Viderint ergo symoniacorum utique discipulorum vel sequacium Symonis magi[62], scilicet primi post revelatam gratiam heretici, pertinaciter defensores, quoto gradu aut quo nomine habendi sint inter fideles. At nunc iam, Spiritus alme, veni nostraeque adiunge te voci. Correptionem et, si fieri potest, correctionem adhibe symoniacae vesaniae in te verbum dicenti et te blasphemanti et per me, tuum subiugale mutum secundum omnipotentiam tuam in hominis voce de caelo loquens,

---

[57] Vgl. Ez 44, 23.

[58] Vgl. Lev 13, 14.

[59] Dieser Name ist nicht eindeutig zu identifizieren, wahrscheinlich ist der römische Kaiser Iovianus († 364) gemeint.

[60] Vgl. Tit 3, 10 f.

[61] Griechisch: Oberhaupt einer Sekte.

[62] Vgl. Apg 8, 9–24.

Häretiker mit einem solchen Greuel und so unvermuteter Bestrafung zu verurteilen und zu verwerfen ist, was verdient dann sein Verteidiger? Wer nämlich einen Irrtum anderer verteidigt, ist viel verdammenswerter und berüchtigter als jene, weil er nicht nur selbst irrt, sondern auch noch für andere die Bedenken des Irrtums vorbereitet und bekräftigt. Daher sagt man zu Recht, daß ein derartiger Irrlehrer nicht nur ein Häretiker, sondern auch ein Häresiarch[61] ist, denn er ist der erste im Irrtum.

Also mögen die hartnäckigen Verteidiger der Simonisten – das heißt der Schüler und Anhänger des Simon Magus[62], des ersten Häretikers nach der geoffenbarten Gnade – zusehen, auf welcher Stufe und unter welchem Namen sie unter den Gläubigen einzuordnen sind. Aber nun komme gleich, segenspendender Geist, und wende Dich unserem Rufen zu! Übe Tadel und – wenn es geschehen kann – verrichte Besserung an dem simonistischen Wahnsinn, der gegen Dich das Wort erhebt und Dich mit Blasphemie behelligt, rede durch mich, Dein stummes Lasttier, gemäß Deiner Allmacht in einer Menschenstimme vom Himmel und gebiete damit dem Schwachsinn der Pseudopropheten Einhalt[63], die Gesetzeslehrer sein wollen und dabei nicht verstehen, was sie reden und worüber sie so sicher sprechen[64]! Verteidige, oh durch nichts beschränkter Gott und Herr aller, Du in allen Dingen Gleichartiger und gleich Ewiger mit Gott-Vater und dem Sohn, verteidige Deine einzigartige Freiheit von gottlosen Händlern, von den geldgierigen Erben des Simon von Samaria[65], damit Deine Kinder und Dein ungebildetes Volk nicht entgegen der Weisung des großen Simon Petrus[66], die bekanntlich auch in den unmittelbaren Anfängen des Christentums gegeben wurde, zu dem gefährlichen Irrtum verleitet werden, daß sie glauben oder – was man erträglicherweise eher annimmt – daß sie vermeinen, Dich höchste und unvergleichliche Gabe Gottes, für Geld erwerben zu können – und zwar, was auch nur auszusprechen schon ein Verbrechen ist, gewissermaßen wie ein käuflicher Knecht, ein käufliches Lasttier oder ein wohlfeiler Sklave.

DRITTES BUCH, SECHSTES KAPITEL

Über Bischofstäbe und -ringe, die durch die Hände weltlicher Machthaber vergeben wurden.

prohibe pseudoprophetarum insipientiam[63], qui volentes esse legis doctores non intellegunt neque quae loquuntur neque de quibus affirmant[64]. Defende, o liberrime omnium Deus et domine coaequalis per omnia atque coaeterne Deo Patri et Filio, tuam singularem libertatem a sacrilegis negotiatoribus, a Symonis Samardaci[65] pecuniosis heredibus, ne contra sententiam magni Symonis Petri[66] in ipsis quoque christianismi primordiis datam inducantur in tam perniciosum errorem parvuli et simplices tui, ut aliquatenus credant, vel quod tolerabilius putatur, aestiment te summum et incomparabile Dei donum pecunia possideri, quod dictu etiam scelus est, tamquam servum emptitium aut venale iumentum seu vile mancipium...

LIBER III, CAPUT VI

De baculis et anulis per manus saecularium potestatum datis.

Haec cum ita venerabiles omni mundo et summi pontifices Spiritu sancto dictante decreverint, ut metropolitani iudicio electio cleri, principis autem consensu expetitio plebis et ordinis confirmetur[67], ad reprobationem sanctorum canonum et totius christianae religionis conculcationem praepostero ordine omnia fiunt, suntque primi novissimi et novissimi primi. Est enim prima in eligendo et confirmando saecularis potestas, quam velit nolit subsequitur ordinis, plebis clerique consensus, tandemque metropolitani iudicium. Unde taliter promoti, sicut superius praedicatur, non sunt inter episcopos habendi, quia substitutio eorum capite pendet deorsum, quia quod debuit eis fieri postremum, factum est primum et ab illis, quorum interest nichilum.

---

[63] Vgl. 2 Petr 2, 16.

[64] Vgl. 1 Tim 1, 7.

[65] Vgl. Apg 8, 9–24.

[66] Vgl. Apg 8, 20–23.

[67] Mit diesem Satz spielt Humbert auf eine Formulierung Papst Leos I. († 461) aus den Jahren 458/59 an. Die entsprechende Passage aus Leos Brief an Bischof Rusticus von Narbonne (JK 544; Ep. 167, in: Migne PL 54, Sp. 1203 A) hat in Adversus Simoniacos, Lib. III, c. 5, S. 204 folgenden Wortlaut: *Nulla ratio sinit, ut inter episcopos habeantur, qui nec a clericis sunt electi nec a plebibus sunt expetiti nec a conprovincialibus episcopis cum metropolitani iudicio consecrati.*

Obwohl die für die gesamte Welt ehrwürdigen und höchsten Bischöfe auf diese Weise unter der Eingebung des Heiligen Geistes vorgeschrieben haben, daß die Wahl des Klerus durch die Billigung des Metropoliten, das Begehren aber von Volk und Stand durch die Zustimmung der Fürsten bestätigt werde,[67] geschieht alles zur Schmähung der heiligen Kanones und zum Niedergang der gesamten christlichen Religion in der umgekehrten Reihenfolge; die ersten sind die letzten, und die letzten die ersten. Die weltliche Gewalt ist nämlich die erste bei der Wahl und bei der Bestätigung, dieser folgt – ob sie will oder nicht – die Zustimmung von Stand, Volk und Klerus, und als letztes erst das Urteil des Metropoliten. Daher dürfen die auf eine solche Art ins Amt Beförderten, wie bereits oben gesagt wurde, nicht als Bischöfe gelten, weil ihre Einsetzung mit dem Kopf nach unten hängt, weil das, was zuletzt hätte geschehen müssen, zuerst vollzogen wurde, und zwar von Leuten, denen es überhaupt nicht zusteht. Denn was kommt es Personen aus dem Laienstand zu, kirchliche Sakramente und die bischöfliche bzw. pastorale Gnade zu verteilen, nämlich die Krummstäbe und Ringe, durch welche die gesamte Bischofsweihe vornehmlich vollendet wird, mittels derer sie ihre Funktion erfüllt und auf die sie sich sützt? In der Tat wird durch die Krummstäbe, die bekanntlich oben zum Heranziehen und Tadeln hakenförmig gekrümmt sind, unten aber zum Zurückstoßen und Stechen angespitzt und bewehrt sind, das bezeichnet, was mit ihnen übergeben wird, nämlich das Hirtenamt. . . Der Ring seinerseits soll das Zeichen für die himmlischen Geheimnisse sein, das die Prediger mahnt, die geheime Weisheit Gottes mit dem Apostel (Paulus) vor den Vollkommenen zu offenbaren und zu verkünden[68]. . . Wer auch immer irgend jemanden mit diesen beiden Gegenständen in sein Amt einführt, der nimmt zweifellos durch diese Anmaßung die ganze Hirtengewalt für sich in Anspruch. Denn welches freie Urteil über solche bereits eingesetzten Vorsteher können Klerus, Volk und Stand oder der Metropolit, der jene weihen wird, nach diesen Geschenken noch haben, ach, wer ist noch übrig, wenn sie nicht die Augen zudrücken? Auf diese Weise beschenkt, geht er eher gewaltsam vor gegen Klerus, Volk und Stand, und er steht dabei im Begriff zu herrschen, noch bevor er von ihnen erkannt, erwünscht oder erbeten wird[69]. So greift er dann den Metropoliten an, er darf dabei schon nicht mehr von diesem gerichtet werden, sondern

Quid enim ad laicas pertinet personas sacramenta ecclesiastica et pontificalem seu pastoralem gratiam distribuere, camyros scilicet baculos et anulos, quibus praecipue perficitur, militat et innitur tota episcopalis consecratio? Equidem in camyris baculis, superius ad adtrahendum et invitandum uncinatis et inflexis, inferius vero ad repellendum et feriendum accuminatis et armatis, designatur, quae in eis committitur, cura pastoralis... Porro anulus signaculum secretorum caelestium indicat, praemonens praedicatores, ut secretam sapientiam Dei cum apostolo dissignent et loquantur inter perfectos[68]... Quicumque ergo his duobus aliquem initiant, procul dubio omnem pastoralem auctoritatem hoc praesumendo sibi vendicant. Nam post haec encenia quod liberum iudicium de talibus rectoribus iam datis clerus, plebs et ordo seu metropolitanus eos consecraturus habere potuerunt, quis tantum superest ve, nisi conivent? Sic enceniatus prius violentus invadit clerum, plebem et ordinem dominaturus, quam ab eis cognoscatur, quaeratur aut petatur[69]. Sic metropolitanum aggreditur, non ab eo iam iudicandus est, sed ipsum iudicaturus; neque enim iam requirit aut recipit eius iudicium, sed solum exigit et extorquet servitium, quod ei solum in oratione et unctione est relictum. Quid enim sibi iam pertinet aut prodest baculum et anulum, quos portat, reddere? Nunquid quia a laica persona dati sunt? Sed etiam a laico baptisma datum non est iterandum, sed oratione et unctione a sacerdote, si supervivitur, supplendum; sine quibus, nisi forte supervivatur, regnum caelorum indubitanter intratur, cum sine aquae lavacro nullus. Unde palam est omne episcopale officium in baculo et anulo eis datum, sine quorum initiatione et auctoritate episcopari nequeunt, cum sine unctione visibili constet sanctis apostolis hoc attributum in sola perceptione curae pastoralis, quae baculo et anulo visibiliter monstratur et datur. Rogo ergo, cur redditur quod habetur, nisi ut aut denuo res ecclesiastica sub hac specie iussionis vel donationis vendatur, aut ut priori venditioni corroborandae a metropolitano suisque suffraganeis subscribatur, aut certe ut praesumptio laicae ordinationis pallietur colore et velamento quodam disciplinae clericalis? Quod si nec factum est nec fit, me hinc aliquis mentitum arguat. Sed, quod gravius est, non tantum prioribus

---

[68] Vgl. 1 Kor 2, 6.
[69] Vgl. Anm. 67.

steht schon im Begriff, denselben zu richten; denn er sucht oder empfängt schon nicht mehr dessen Billigung, sondern er verlangt und erpreßt nur noch den Dienst, der diesem allein in Gebet und Salbung vorbehalten bleibt. Denn was geht es ihn noch an oder nützt es ihm, Stab und Ring, die er bereits trägt, zurückzugeben? Etwa weil sie ja von einer Person aus dem Laienstand vergeben wurden? Aber auch die von einem Laien gespendete Taufe braucht nicht wiederholt zu werden, sondern sie ist lediglich, wenn der Täufling am Leben bleibt, von einem Priester durch Gebet und Salbung zu ergänzen. Wenn der Täufling vielleicht nicht überlebt, betritt er zweifellos auch ohne diese beiden Dinge das Himmelreich, niemand tut dies indessen ohne die Taufe im Wasser. Daher ist es klar, daß diesen Menschen mit Stab und Ring das gesamte Bischofsamt übergeben wurde, ohne eine zeremonielle Einweisung in diese Gegenstände und ohne Vollmacht können sie nicht Bischöfe werden, da ja nun einmal feststeht, daß den heiligen Aposteln dieses Amt ohne sichtbare Salbung allein durch den Empfang jener Hirtengewalt zugestanden wurde, welche durch Stab und Ring sichtbar gemacht und übergeben wird. Ich frage also: Warum gibt man zurück, was man schon besitzt, wenn nicht, um nochmals kirchliche Güter unter dem Anschein des Befehls oder der Schenkung zu verkaufen oder um die Bestätigung eines früheren Verkaufs vom Metropoliten und seinen Suffraganen unterschreiben zu lassen oder doch wenigstens um die Anmaßung der Einsetzung durch einen Laien mittels der Farbe und einer gewissen Hülle geistlicher Ordnung zu verdecken? Wenn dies aber weder geschah noch geschieht, so möge mich einer der Lüge bezichtigen. Doch, was schwerwiegender ist, eine derartige Verfahrensweise wurde nicht nur in früheren Zeiten gehandhabt und gepredigt, sondern man meint und weiß, daß sie auch in unseren Tagen eine oft geübte Praxis darstellt. Denn verkauften nicht früher und verkaufen nicht auch heute die weltlichen Fürsten kirchliche Güter unter dem falschen Namen der Investitur, und anschließend die Metropoliten unter dem Etikett der Konsekration?

temporibus recolitur et praedicatur tale quid factum, sed nostris quoque cernitur et scitur usitatum. Nonne saeculi principes prius vendiderunt et vendunt ecclesiastica sub falso nomine investitionis, deinde metropolitani sub tenore consecrationis?

Nr. 8

Das Synodalschreiben *Vigilantia universalis* (JL 4405; Fassung der Handschrift von Vich, Arxiu Capitular 46), ed. R. Schieffer, Die Entstehung des päpstlichen Investiturverbots für den deutschen König (Stuttgart 1981) S. 212–224

Nicholaus episcopus servus servorum dei omnibus episcopis cunctoque clero et populo salutem karissimam et benedictionem apostolicam.

Vigilantia universalis regiminis assiduam sollicitudinem omnibus debentes saluti quoque vestre spetialiter providentes, que in Romana sinodo[70] nuper cęlebrata quoram CIII[bus] episcopis nobis licet immeritis presidentibus sunt chanonice constituta, vobis notificare curamus, quia ad salutem vestram executores eorum vos esse obtamus et apostolica auctoritate iubendo mandamus.

<1> Primo namque inspectore deo est statutum, ut si quis apostolice sedi sine concordi et chanonicha electione ac benedictione cardinalium episcoporum ac deinde sequentium ordinum religiosorum clericorum intronizatur, non papa vel apostolicus, sed apostaticus habeatur; <2> et ut moriente Romano pontifice vel cuiuscumque civitatis nullus presumat facultates illorum invadere, set successoribus eorum reserventur integre. <3> Ut missam nullus audiat presbiteri, quem scit indubitanter concubinam habere aut subintroductam mulierem. Unde etiam ipsa sancta sinodus hoc capitulum sub excomunicatione statuit dicens: Quicumque sacerdotum, diaconus vel subdiaconus, post constitutum beate memorie predecesoris nostri sanctisimi Leonis papę de castitate clericorum concubinam duxit vel ductam non reliquid, ex parte dei

---

[70] Gemeint ist die Lateransynode von 1059.

Nr. 8

Das Synodalschreiben *Vigiliantia universalis* Papst Nikolaus' II.

Bischof Nikolaus, Knecht der Knechte Gottes, allen Bischöfen sowie dem gesamten Klerus und Volk das überaus wertvolle Heil und den apostolischen Segen.

Weil wir mit der Wachsamkeit des universalen Hirtenamtes allen Dingen unermüdliche Aufmerksamkeit schulden und zugleich in spezieller Weise für Euer Seelenheil Sorge tragen, suchen wir Euch das bekannt zu machen, was auf der neulich gefeierten römischen Synode[70] vor 103 Bischöfen unter unserem – wenn auch unverdienten – Vorsitz auf kanonische Weise beschlossen worden ist; denn wir wünschen und befehlen kraft apostolischer Autorität mit der vorliegenden Anweisung, daß Ihr zu Eurem eigenen Heil die Vollstrecker dieser Vorschriften seid.

Und zwar ist zunächst einmal vor dem Angesicht Gottes festgelegt worden, daß jemand, der für den apostolischen Stuhl ohne die einmütige und kanonische Wahl und Weihe der Kardinalbischöfe sowie der hierauf folgenden Stände gottesfürchtiger Kleriker inthronisiert wird, nicht als Papst oder apostolischer Vater, sondern als Apostat bezeichnet werden soll; und daß es beim Tod des römischen Bischofs oder des Bischofs irgendeiner anderen Stadt niemand wage, sich des Vermögens jener Leute zu bemächtigen, sondern daß dieses unangetastet deren Nachfolgern vorbehalten werde.

Daß niemand die Messe bei einem Priester höre, von dem er sicher weiß, daß er eine Konkubine oder eine eingeschmuggelte Ehefrau besitzt. Daher faßt auch dieselbe heilige Synode den folgenden Beschluß unter Androhung der Exkommunikation: Wer auch immer von den Priestern, Diakonen oder Subdiakonen seit dem Erlaß unseres Vorgängers seligen Angedenkens, des hochheiligen Papstes Leo, über die Keuschheit der Kleriker eine Konkubine heimgeführt beziehungsweise eine heimgeführte nicht verlassen hat, dem schreiben wir von seiten des allmächtigen Gottes mittels der Autorität der seligen Apostelfürsten Petrus und Paulus vor, ja wir verbieten sogar, daß er die Messe singe, daß er das Evangelium oder die Lesung bei der Messe vorlese, daß er während der Gottesdienste mit jenen zusammenbleibe, die der vorgenannnten Vorschrift gehorsam waren, und daß er irgendeinen Anteil von der Kirche sich vorbehalte, solange, bis von uns – mit Gottes Einwilli-

omnipotentis auctoritate beatorum apostolorum principum Petri et
Pauli precipimus et omnino contradicimus, ut missam non cantet neque
evangelium aut epistolam ad missam legat neque in presbiterio ad divina
oficia cum his, qui prefate constitutioni obedientes fuerunt, maneat
neque partem ab ecclesia recipiat, quousque a nobis sententia super
huiusmodi deo concedente procedat. <4> Et precipientes statuimus, ut
hii predictorum ordinum, qui et eidem predecessori nostro obedientes
castitatem servaverunt, iuxta ecclesias, quibus ordinati sunt, sicut
oportet religiosos clericos, simul manducent et dormiant et, quicquid eis
ab eclesiis competit, communiter habeant. Et rogantes monemus, ut ad
apostolicam scilicet communem vitam summopere pervenire studeant,
quatinus perfectionem consecuti cum his, qui centensimo fructu ditan-
tur[71], in celesti patria mereantur ascribi.

<5> Deinde ut decime et primicie seu quecunque oblationes vivo-
rum et mortuorum eclesiis dei fideliter reddantur a laicis et ut in
disposicione episcoporum sint secundum chanones distribuende (quas
qui retinuerint, a sancte ecclesie comunione priventur); <6> ut per
laicos quilibet clericus aut presbiter nullo modo optineat ecclesiam nec
gratis nec precio; <7> et ut nullus abitum monaci suscipiat spem aut
promissionem habens, ut abbas fiat; <8> nec aliquis presbiter duas
eclesias simul optineat aut clericus quilibet in duabus eclesiis ministret;
<9> et ut per simoniacam eresim nemo ordinetur vel promoveatur ad
quodlibet oficium eclesiasticum; <10> ut cuiuslibet ordinis clericos
laici non iudicent nec de eclesiis eitiant; <11> ut de consanguinitate sua
nullus uxorem ducat usque post generationem VII vel quousque
parenttela cognosci poterit; <12> ut laicus uxorem simul et concubi-
nam habens non comunicet ecclesie; <13> ut nullus laicus ad quemli-
bet gradum eclesiasticum repente promoveatur, nisi post mutatum
abitum secularem diutina conversacione inter clericos fuerit conproba-
tus.

Vos ergo hec et alia sanctorum patrum statuta fideliter et Christiana
reverentia observate, si vultis de sancte Romane ecclesie et apostolice
sedis pace et comunione atque benedictione gaudere.

---

[71] Vgl. Mt 13, 23.

gung – darüber in derartiger Weise ein Urteil gesprochen wird.

Und wir setzen mit unserer Vorschrift fest, daß diejenigen von den vorgenannten Ständen, die die Keuschheit durch ihren Gehorsam gegenüber ebendiesem unserem Vorgänger bewahrt haben, neben den Kirchen, für die sie geweiht worden sind, so wie es sich für gottesfürchtige Kleriker gehört, gemeinsam essen, schlafen und all jenes gemeinsam besitzen sollen, was ihnen von den Kirchen zukommt. Und als Bittende ermahnen wir, daß sie sich mit äußerster Kraft bemühen sollen, zum apostolischen – also gemeinschaftlichen – Leben zu gelangen, damit sie es als solche, die die Vollkommenheit erstrebt haben, verdienen, im himmlischen Vaterland zu jenen gezählt zu werden, die durch hundertfache Frucht bereichert werden[71].

Ferner (bestimmen wir), daß die Zehnten und Erstlingsgaben beziehungsweise irgendwelche Oblationen der Lebenden und Toten den Kirchen Gottes getreulich von den Laien zurückgegeben werden sollen und daß es – gemäß den Kanones des Aufteilens – in der Verfügungsgewalt der Bischöfe liege, diejenigen, die etwas zurückgehalten haben, von der Kommunion der heiligen Kirche auszuschließen; daß durch Laien kein Kleriker oder Priester auf irgendeine Weise eine Kirche innehaben soll, weder umsonst noch für Geld, und daß keiner den Habit eines Mönches empfange mit der Hoffnung oder der Zusage, daß er Abt werde; und daß kein Priester zwei Kirchen zugleich innehabe oder kein Kleriker in zwei Kirchen diene; und daß durch die simonistische Häresie niemand geweiht oder befördert werde zu irgendeinem kirchlichen Amt; daß Laien über Kleriker jedweden Standes nicht urteilen und sie nicht aus den Kirchen hinauswerfen dürfen; daß niemand aus seiner Verwandtschaft eine Frau heimführe bis nach dem siebten Verwandtschaftsgrad oder solange, bis die Abstammung erkannt werden konnte; daß ein Laie, der gleichzeitig eine Frau und eine Konkubine besitzt, nicht die Kommunion der Kirche empfangen darf; daß kein Laie plötzlich zu irgendeinem kirchlichen Grad befördert werden darf, außer wenn er sich nach dem Ablegen der weltlichen Kleider durch eine längere Unterhaltung unter den Klerikern als würdig erwiesen hat.

Bewahrt also diese und andere Vorschriften der heiligen Väter getreulich und mit christlicher Ehrfurcht, wenn Ihr Euch über den Frieden, die Gemeinschaft und den Segen der heiligen römischen Kirche und des apostolischen Stuhls freuen wollt.

Nr. 9

Das Papstwahldekret von 1059. Echte Fassung,
ed. D. Jasper, Das Papstwahldekret von 1059. Überlieferung und
Textgestalt (Sigmaringen 1986) S. 98–111

In nomine domini Dei salvatoris nostri Iesu Christi. Anno ab incarnatione eius MLVIIII, mense Aprili, indictione XII, propositis sacrosanctis euuangeliis, praesidente quoque reverentissimo ac beatissimo Nicholao apostolico papa[72], in basilica Lateranensis patriarchii, quę cognominatur Constantiniana[73], considentibus etiam reverentissimis archiepiscopis, episcopis, abbatibus seu venerabilibus presbyteris atque diaconibus, isdem venerabilis pontifex, auctoritate apostolica decernens, de electione summi pontificis inquit: Novit beatitudo vestra, dilectissimi fratres et coepiscopi, inferiora quoque membra non latuit, defuncto pię memorie domno Stephano[74] decessore nostro, hęc apostolica sedes, cui Deo auctore deservio, quot adversa pertulerit, quot denique per simoniace heresis trapezetas malleis crebrisque tunsionibus subiacuerit, adeo ut columna Dei viventis[75] iamiam pęne videretur nutare, et sagena summi piscatoris procellis intumescentibus cogeretur in naufragii profunda submergi. Unde, si placet fraternitati vestre, debemus auxiliante Deo futuris casibus prudenter occurrere et ęcclesiastico statui, ne rediviva, quod absit, mala praevaleant, in posterum praevidere. Quapropter instructi praedecessorum nostrorum aliorumque sanctorum patrum auctoritate decernimus atque statuimus, ut obeunte huius Romanę universalis ęcclesię pontifice inprimis cardinales episcopi diligentissima simul consideratione tractantes, mox sibi clericos cardinales adhibeant, sicque reliquus clerus et populus ad consensum nove electionis accedant, ut, nimirum ne venalitatis morbus qualibet occasione subripiat, religiosi viri praeduces sint in promovendi pontificis electione, reliqui autem sequaces. Et certe rectus atque legitimus hic electionis ordo perpenditur, si perspectis diversorum patrum regulis sive

---

[72] Gemeint ist Papst Nikolaus II († 1061).
[73] San Giovanni in Laterano.
[74] Gemeint ist Papst Stephan IX. († 1058).
[75] Vgl. 1 Tim 3, 15.

Nr. 9

Das Papstwahldekret von 1059

Im Namen des Herrn, unseres Gottes und Erlösers Jesus Christus. Im Jahre 1059 seit seiner Fleischwerdung, im Monat April, in der zwölften Indiktion, als die hochheiligen Evangelien zur Betrachtung aufgestellt waren, als der höchst ehrwürdige und selige apostolische Vater Nikolaus[72] in der Basilika des Lateranensischen Patriarchen, die Constantiniana genannt wird[73], den Vorsitz führte und als zugleich überaus ehrwürdige Erzbischöfe, Bischöfe und Äbte – sowie ehrenwerte Priester und Diakone – zusammensaßen, hat ebendieser ehrwürdige Pontifex über die Wahl des höchsten Bischofs durch eine mit apostolischer Autorität gefällte Entscheidung folgendes verkündet:

Eurer Seligkeit ist bekannt, überaus geliebte Brüder und Mitbischöfe, und auch den unteren Gliedern ist nicht verborgen, wieviel Leid dieser apostolische Stuhl, dem ich durch Gottes Fügung diene, hat über sich ergehen lassen, seit unser Herr Vorgänger Stephan[74] frommen Angedenkens gestorben ist, mit einem Wort: wievielen Hammerschlägen und ständigen Stößen er von seiten der Münzpräger der simonistischen Häresie ausgesetzt war, so daß die Säule des lebendigen Gottes[75] fast schon zu wanken schien und das Schifflein des obersten Fischers durch die rasenden Stürme gezwungen wurde, in die Tiefe des Schiffbruchs zu versinken. Daher müssen wir, wenn es Eurer Brüderlichkeit gefällt, künftigen Fällen mit der Hilfe Gottes klug entgegentreten und für den Zustand der Kirche in späterer Zeit Vorsorge treffen, damit nicht – was fern sei – wiederauflebende Übel die Oberhand gewinnen. Deswegen haben wir uns durch das Vorbild unserer Vorgänger und anderer heiliger Väter belehren lassen und entscheiden durch unsere Anordnung, daß beim Tod des Bischofs dieser universalen römischen Kirche zunächst die Kardinalbischöfe mit höchst sorgfältiger Überlegung beraten sollen, daß sie dann möglichst bald die Kardinalkleriker zu sich heranziehen sollen und daß der übrige Klerus und das Volk erst anschließend zum Konsens der neuen Wahl herbeikommen sollen; damit sich nicht die Krankheit der Käuflichkeit bei irgendeiner Gelegenheit einschleicht, bestimmen wir also, daß gottesfürchtige Männer bei der Wahl des nun zu erhebenden Papstes den Vortritt haben, die

gestis, etiam illa beati praedecessoris Leonis sententia recolatur: *Nulla,*
inquit, *ratio sinit, ut inter episcopos habeantur, qui nec a clericis sunt*
electi, nec a plebibus expetiti, nec a conprovincialibus episcopis cum
metropolitani iudicio consecrati[76]. Quia vero sedes apostolica cunctis in
orbe terrarum praefertur ęcclesiis atque ideo super se metropolitanum
habere non potest, cardinales episcopi proculdubio metropolitani vice
funguntur, qui videlicet electum antistitem ad apostolici culminis
apicem provehunt. Eligant autem de ipsius ęcclesię gremio, si repperitur
idoneus, vel si de ipsa non invenitur, ex alia assumatur, salvo debito
honore et reverentia dilecti filii nostri Henrici, qui inpraesentiarum rex
habetur et futurus imperator Deo concedente speratur, sicut iam sibi
concessimus, et successorum illius, qui ab hac apostolica sede personali-
ter hoc ius impetraverint[77]. Quod si pravorum atque iniquorum
hominum ita perversitas invaluerit, ut pura, sincera atque gratuita
electio fieri in urbe non possit, cardinales episcopi cum religiosis clericis
catholicisque laicis, licet paucis, ius potestatis optineant eligere apostolicę sedis pontificem, ubi congruentius iudicaverint. Plane postquam
electio fuerit facta, si bellica tempestas vel qualiscumque hominum
conatus malignitatis studio restiterit, ut is, qui electus est in apostolica
sede iuxta consuetudinem intronizari non valeat, electus tamen sicut
papa auctoritatem obtineat regendi sanctam Romanam ęcclesiam et
disponendi omnes facultates illius, quod beatum Gregorium ante suam
consecrationem fecisse cognoscimus[78].

Quod si quis contra hoc nostrum decretum, synodali sententia
promulgatum, per seditionem vel praesumptionem aut quodlibet inge-
nium electus aut etiam ordinatus seu intronizatus fuerit, auctoritate

---

[76] Dieser Satz geht auf den in Anm. 67 zitierten Brief Leos des Großen zurück. Zu den
mutmaßlichen Vorlagen des Papstwahldekrets siehe in diesem Zusammenhang S. 103
Anm. 26 der Edition von D. Jasper.

[77] Die Übersetzung dieser als „Königsparagraph" bezeichneten Passage des Papstwahldekrets ist in der Forschung heftig umstritten. Vgl. dazu zuletzt S. 102 Anm. 20 der
Edition von D. Jasper.

[78] Papst Gregor I. († 604) war zwar sofort nach dem Tod seines Vorgängers Pelagi-
us II. am 7. Februar 590 gewählt, aber erst am 9. September 590 geweiht worden; in der
Zwischenzeit traf er schon wichtige Entscheidungen. Vgl. dazu die Literaturhinweise auf
S. 106 Anm. 39 in der Edition von D. Jasper.

übrigen aber folgen sollen. Und sicherlich wird diese Wahlordnung für richtig und legitim erachtet, wenn man sich – nach Durchsicht der Vorschriften und der Lebensgeschichte der verschiedenen Väter – auch jene Sentenz unseres seligen Vorgängers Leo vor Augen hält, der gesagt hat: *Keine vernünftige Überlegung läßt es zu, daß zu den Bischöfen auch solche gezählt werden, die weder von den Klerikern gewählt noch von der Bevölkerung erbeten, noch von den Bischöfen ihrer Kirchenprovinz mit der Billigung des Metropoliten geweiht wurden.*[76] Weil aber der apostolische Sitz allen Kirchen auf dem Erdkreis vorangestellt ist und demzufolge über sich keinen Metropoliten haben kann, fungieren zweifelsohne die Kardinalbischöfe anstelle eines Metropoliten, sie sind es nämlich, die den gewählten Bischof in die Spitzenstellung des apostolischen Amtes befördern. Sie sollen aber jemanden aus dem Schoß derselben Kirche wählen, wenn eine geeignete Person ausfindig zu machen ist, oder man soll jemanden aus einer anderen Kirche annehmen, wenn aus der (römischen) selbst keine geeignete Person gefunden wird, und hierbei bleibe unbeschadet die schuldige Ehre und Ehrerbietung gegenüber unserem geliebten Sohn Heinrich, der vorderhand als König bezeichnet wird und von dem man hofft, daß er einst mit Gottes Erlaubnis Kaiser sein wird, so wie wir es ihm schon zugestanden haben, und die gegenüber seinen Nachfolgern, die von diesem apostolischen Stuhl dieses Recht persönlich erlangt haben werden[77].

Wenn aber die Verworfenheit der schändlichen und ungerechten Menschen so stark geworden sein sollte, daß eine reine, echte und unentgeltliche Wahl in der Stadt (Rom) nicht stattfinden kann, dann sollen die Kardinalbischöfe zusammen mit den gottesfürchtigen Klerikern und katholischen Laien – auch wenn es nur wenige sein sollten – die rechtliche Vollmacht besitzen, den Bischof des apostolischen Sitzes dort zu wählen, wo es ihnen nach ihrer Meinung angemessener erscheint. Wenn eine kriegerische Zeit oder irgendein Anschlag von Menschen nach dem vollständigen Ablauf der Wahl mit dem Eifer der Bosheit verhindert, daß derjenige, der gewählt wurde, entsprechend der Gepflogenheit auf dem apostolischen Stuhl inthronisiert werden kann, dann soll der Elekt dennoch wie ein Papst die Befugnis besitzen, die heilige römische Kirche zu leiten und über alle ihre Güter verfügen, denn wir wissen, daß der selige Gregor dies vor seiner Weihe getan hat[78].

divina et sanctorum apostolorum Petri et Pauli perpetuo anathemate cum suis auctoribus, factoribus, sequacibus, a liminibus sanctę Dei ęcclesię separatus, subiciatur, sicut antichristus et invasor atque destructor totius christianitatis, nec aliqua super hoc audientia aliquando ei reservetur, sed ab omni ęcclesiastico gradu, in quocumque prius fuerat, sine retractatione deponatur. Cui quisquis adheserit vel qualemcumque tamquam pontifici reverentiam exhibuerit aut in aliquo illum defendere praesumpserit, pari sententię sit mancipatus. Quisquis autem huius nostrę decretalis sententię temerator extiterit et Romanam ęcclesiam sua praesumptione confundere et perturbare contra hoc statutum temptaverit, perpetuo anathemate atque excommunicatione dampnetur et cum *impiis, qui non resurgent in iudicio*[79] reputetur. Omnipotentis scilicet Dei patris et filii et spiritus sancti contra se iram sentiat et sanctorum apostolorum Petri et Pauli, quorum praesumit confundere ęcclesiam, in hac vita et in futura furorem reperiat. *Fiat habitatio eius deserta et in tabernaculo eius non sit, qui inhabitet. Fiant filii eius orphani et uxor* eius vidua. Commotus amoveatur ipse atque *eius filii et mendicent et eiciantur de habitationibus suis. Scrutetur fęnerator omnem substantiam eius et diripiant alieni omnes labores eius*[80]. *Orbis terrarum pugnet contra*[81] eum et cuncta elementa sint ei contraria, et omnium sanctorum quiescentium merita illum confundant et in hac vita super eum apertam vindictam ostendant. Observatores autem huius nostri decreti Dei omnipotentis gratia protegat et auctoritate beatorum apostolorum Petri et Pauli ab omnibus peccatorum vinculis absolvat.

Ego Nicholaus episcopus sanctę catholicę et apostolicę Romane ecclesie huic decreto a nobis promulgato, sicut superius legitur, subscripsi.

Bonefatius[82] Dei gratia Albanensis episcopus subscripsi.

Humbertus[83] sanctę ęcclesię Silve Candidę subscripsi.

---

[79] Vgl. Ps 1, 5.

[80] Vorlage ist Ps 108, 7 b, 9–11 in der Version des Psalterium Romanum. Vgl. dazu D. Jasper, Papstwahldekret, S. 61 Anm. 243.

[81] Vgl. Weish 5, 21 (in der Vulgata).

[82] Bonifaz, Kardinalbischof von Albano († 1072?).

[83] Humbert, Kardinalbischof von Silva Candida († 1061).

Wenn aber irgendjemand entgegen diesem unserem Dekret, das durch einen Synodalbeschluß verkündet wurde, mittels Aufruhr, Anmaßung oder irgendeines heimtückischen Kunstgriffs gewählt oder auch geweiht beziehungsweise inthronisiert wird, dann soll er auf Geheiß Gottes und der heiligen Apostel Petrus und Paulus zusammen mit seinen Wählern, Helfern und Anhängern als jemand, der aus dem Haus der heiligen Kirche Gottes ausgeschlossen wurde, für immer dem Bannfluch verfallen sein – als ob er der Antichrist, Eindringling und Zerstörer der ganzen Christenheit sei, und er soll überdies niemals irgendwelches Gehör finden, sondern unweigerlich eines jeden kirchlichen Ranges enthoben werden, den er früher bekleidet hatte. Jeder, der ihm anhängt oder ihm so wie einem Bischof irgendeine Reverenz erweist oder jenen in irgendeiner Weise zu verteidigen wagt, sei dem gleichen Urteil anheimgegeben. Wer sich aber als Verletzer dieses päpstlichen Synodalspruchs erweist und den Versuch unternimmt, die römische Kirche durch seine Anmaßung zu verwirren und sie im Widerspruch zu diesem Statut in Unordnung zu stürzen, der werde auf ewig durch Anathem und Exkommunikation verflucht und zu jenen Gottlosen gerechnet, die im Gericht nicht bestehen[79]. Er möge den gegen ihn gerichteten Zorn des allmächtigen Gottes, des Vaters, des Sohnes und des Heiligen Geistes, und den der heiligen Apostel Petrus und Paulus zu spüren bekommen, deren Kirche er wagte, in Unordnung zu bringen, und er möge in diesem und im künftigen Leben dem Schrecken verfallen. *Er verliere seinen Besitz und in seiner Hütte sei niemand, der darin wohne. Seine Kinder mögen zu Waisen werden und seine Frau zu einer Witwe. Im Zorne werde er* selbst *fortgeschickt und seine Kinder sollen betteln gehen und aus ihren Wohnungen hinausgeworfen werden. Ein Wucherer möge seine gesamte Habe durchwühlen, und Fremde mögen alle seine Werke zunichte machen*[80]. *Der Erdkreis kämpfe gegen*[81] ihn, und alle Elemente seien ihm feind, und die Verdienste aller in Frieden ruhenden Heiligen mögen jenen außer Fassung bringen und ihm in diesem Leben die Strafe vor Augen führen, die über ihm sichtbar geworden ist. Die Bewahrer aber dieses unseres Dekretes schütze die Gnade des allmächtigen Gottes, und sie seien kraft der Autorität der Apostel Petrus und Paulus von allen Sündenbanden gelöst.

Petrus[84] Ostiensis ęcclesię episcopus subscripsi.
Petrus[85] Lavicanensis ecclesie subscripsi.
Iohannes[86] Portuensis ecclesie subscripsi.
Iohannes[87] cardinalis tituli Sancti Marci subscripsi.
Leo[88] cardinalis tituli Sancti Damasi subscripsi.
Vivus[89] cardinalis tituli Sancte Marie trans Tiberim subscripsi.
Desiderius[90] cardinalis sancte Cecilie.
Mancius[91] diaconus,
Crescentius[92] diaconus,
Amantius[93] diaconus,
omnes sancte Romane ecclesie subscripserunt. . .

Nr. 10

Lanfrancis Cantuariensis archiepiscopi De corpore et sanguine domini
adversus Berengarium Turonensem,
in: Migne PL 150, c. 2, Sp. 410 D–411 B (Eid Berengars von Tours auf
der Lateransynode von 1059)

Ego Berengarius[94], indignus diaconus Ecclesiae Sancti Mauricii An-
degavensis, cognoscens veram catholicam et apostolicam fidem, anathe-
matizo omnem haeresim, praecipue eam de qua hactenus infamatus

---

[84] Petrus Damiani, Kardinalbischof von Ostia († 1072).
[85] Petrus, Kardinalbischof von Labicum († 1062).
[86] Johannes II., Kardinalbischof von Porto († 1089).
[87] Johannes, Kardinalpriester von San Marco (nur hier belegt).
[88] Leo, Kardinalpriester von San Lorenzo in Damaso († 1084).
[89] Vivus, Kardinalpriester von Santa Maria in Trastevere (nur hier belegt).
[90] Desiderius, Kardinalpriester von Santa Cecilia und Abt von Monte Cassino, der
spätere Papst Viktor III. († 1087).
[91] Mancius, Kardinaldiakon (Todesjahr unbekannt).
[92] Crescentius, Kardinaldiakon (Todesjahr unbekannt).
[93] Amantius, Kardinaldiakon (nur hier belegt).
[94] Berengar von Tours, Häretiker († 1088).

Ich, Nikolaus, Bischof der heiligen katholischen und apostolischen römischen Kirche, habe diesem Dekret, das von uns verkündet wurde – so wie man es weiter oben liest – durch meine Unterschrift zugestimmt.

Ich, Bonifaz[82], durch Gottes Gnade Bischof von Albano, habe unterschrieben.

Ich, Humbert[83], von der heiligen Kirche zu Silva Candida, habe unterschrieben.

Ich, Petrus[84], Bischof der Kirche von Ostia, habe unterschrieben.

Ich, Petrus[85], von der Kirche zu Labicum, habe unterschrieben.

Ich, Johannes[86], von der Kirche zu Porto, habe unterschrieben.

Ich, Johannes[87], Kardinal des Titels San Marco, habe unterschrieben.

Ich, Leo[88], Kardinal des Titels San Damaso, habe unterschrieben.

Ich, Vitus[89], Kardinal des Titels Santa Maria in Trastevere, habe unterschrieben.

Desiderius[90], Kardinal von Santa Cecilia.

Mancius[91], Diakon,

Crescentius[92], Diakon,

Amantius[93], Diakon,

alle von der heiligen römischen Kirche haben unterschrieben... (Es folgen 70 weitere Unterschriften von Bischöfen, die das Dekret beglaubigen).

Nr. 10

Eid Berengars von Tours auf der Lateransynode von 1059

Ich, Berengar[94], unwürdiger Diakon der Kirche des heiligen Mauritius zu Angers, erkenne hiermit wieder den wahren katholischen und apostolischen Glauben an, ich verdamme zugleich jede Irrlehre, vor allem diejenige, wegen der ich bisher beschuldigt wurde und die die Behauptung aufzustellen versucht, daß Brot und Wein, die auf den Altar gelegt werden, nach der Konsekration nur Sakrament, nicht aber auch wahrer Leib und wahres Blut unseres Herrn Jesus Christus seien und daß sie nicht auf sinnlich wahrnehmbare Weise allein im Sakrament

sum, quae astruere conatur panem et vinum quae in altari ponuntur, post consecrationem solummodo sacramentum, et non verum corpus et sanguinem Domini nostri Jesu Christi esse, nec posse sensualiter in solo sacramento manibus sacerdotum tractari, vel frangi, aut fidelium dentibus atteri. Consentio autem sanctae Romanae et apostolicae sedi, et ore et corde profiteor de sacramentis Dominicae mensae eam fidem tenere quam dominus et venerabilis papa Nicolaus, et haec sancta synodus auctoritate evangelica et apostolica tenendam tradidit, mihique firmavit; scilicet panem et vinum quae in altari ponuntur, post consecrationem non solum sacramentum, sed etiam verum corpus et sanguinem Domini nostri Jesu Christi esse, et sensualiter non solum sacramento, sed in veritate manibus sacerdotum tractari, frangi et fidelium dentibus atteri, jurans per sanctam et homousion Trinitatem, et per haec sacrosancta Christi Evangelia. Eos vero qui contra hanc fidem venerint, cum dogmatibus et sectatoribus suis aeterno anathemate dignos esse pronuntio. Quod si ego ipse aliquando aliquid contra haec sentire aut praedicare praesumpsero, subjaceam canonum severitati. Lecto et perlecto sponte subscripsi.

Nr. 11

Bonizonis episcopi Sutrini Liber ad amicum, rec. E. Dümmler, in: MGH L. d. l. 1, Lib. VII, S. 601

Eodem itaque die prefati pontificis[95] corpore in ecclesia sancti Salvatoris[96] humato, cum circa sepulturam eius venerabilis Ildebrandus[97] esset occupatus, factus est derepente concursus clericorum, virorum ac mulierum clamantium: ,Ildebrandus episcopus'. Quo audito venerabilis archidiaconus[98] expavit, et velociter volens populum placare

---

[95] Papst Alexander II. († 1073).

[96] Gemeint ist die Patriarchalbasilika San Giovanni in Laterano, die neben dem Johannes-Patrocinium auch das des Erlösers aufwies.

[97] Der spätere Papst Gregor VII. († 1085).

[98] Dieses Amt bekleidete Hildebrand seit 1058.

mit den Händen der Priester berührt bzw. gebrochen oder mit den Zähnen der Gläubigen zermalmt werden könnten. Ich stimme aber überein mit dem heiligen römischen und apostolischen Stuhl, und ich bekenne mit dem Mund und dem Herzen, daß ich über die Altarsakramente des Herrn denselben Glauben besitze, den der Herr und ehrwürdige Papst Nikolaus und diese heilige Synode mit evangelischer und apostolischer Autorität als bewahrenswert überliefert und mir bekräftigt haben: nämlich, daß Brot und Wein, die auf den Altar gelegt werden, nach der Konsekration nicht allein Sakrament, sondern zugleich auch wahrer Leib und wahres Blut unseres Herrn Jesus Christus sind und daß sie auf sinnlich wahrnehmbare Weise nicht nur sakramental, sondern auch in Wahrheit mit den Händen der Priester angefaßt, gebrochen und durch die Zähne der Gläubigen zermalmt werden, und ich beschwöre dies bei der Heiligen und wesensgleichen Dreifaltigkeit und bei diesen hochheiligen Evangelien Christi. Ich bekunde öffentlich, daß diejenigen, die gegen diesen Glauben verstoßen, in der Tat mitsamt ihren Lehren und Anhängern der ewigen Verdammnis würdig sind. Wenn ich es aber wagen sollte, selbst irgendwann irgendetwas gegen diesen Glauben zu äußern oder zu predigen, dann will ich mich der Strenge der Kanones unterwerfen. Ich habe diesen Text mehrmals durchgelesen und anschließend freiwillig unterschrieben.

Nr. 11

Bonizo von Sutri, Liber ad amicum
(Beginn von Buch VII)

Als daher an demselben Tag der Leichnam des vorgenannten Papstes[95] in der Kirche des heiligen Erlösers[96] begraben worden war und der ehrwürdige Hildebrand[97] sich mit dessen Begräbnis beschäftigt hatte, gab es urplötzlich einen Auflauf von Klerikern, Männern und Frauen, die riefen: „Hildebrand möge Bischof sein." Nachdem er dies vernommen hatte, war der ehrenwerte Archidiakon[98] ganz entsetzt, wollte rasch das Volk beruhigen und lief deshalb zum Ambo; aber Hugo Candidus[99] kam ihm zuvor und sprach zum Volk auf folgende Weise: „Männer, Brüder, Ihr wißt, daß es seit den Tagen des Herrn Papstes Leo[100] dieser Hildebrand ist, welcher die heilige römische

cucurrit ad pulpitum; sed eum Ugo Candidus[99] prevenit et populum sic allocutus est: ,Viri fratres, vos scitis, quia a diebus domni Leonis papę[100], hic est Ildebrandus, qui sanctam Romanam ecclesiam exaltavit et civitatem istam liberavit. Quapropter, quia ad pontificatum Romanum neque meliorem neque talem, qui eligatur, habere possumus, eligimus hunc, in nostra ecclesia ordinatum virum, vobis nobisque notum et per omnia probatum'. Cunque cardinales episcopi sacerdotesque et levitę et sequentis ordinis clerici conclamassent, ut mos est: ,Gregorium papam sanctus Petrus elegit', continuo a populo trahitur rapiturque et ad Vincula beati Petri[101] – non ad Brixianorium[102] – invitus intronizatur.

Nr. 12

Offiziöses Protokoll der Wahl Gregors VII.,
ed. E. Caspar, Das Register Gregors VII. (= MGH Epp. sel. II, 1)
(Berlin 1920) Lib. I, 1*, S. 1 f.

REGNANTE DOMINO NOSTRO Iesu Christo, anno clementissimę incarnationis eius millesimo LXXIII°, indictione et luna XI[a], decimo Kalendas Maii, feria secunda, die sepulturę domni ALEXANDRI bonę memorię secundi papę, ne sedes apostolica diu lugeat proprio destituta pastore, congregati in basilica beati Petri ad Vincula[103] nos sanctę Romanę catholicę et apostolicę ecclesię cardinales clerici, acoliti subdiaconi diaconi presbyteri, presentibus venerabilibus episcopis et abbatibus, clericis et monachis consentientibus, plurimis turbis utriusque

---

[99] Hugo Candidus, Kardinalpriester von San Clemente, der spätere Kardinalbischof von Preneste († 1099).

[100] Papst Leo IX. († 1054).

[101] Gemeint ist die Kirche San Pietro in Vincoli, wo eine *cathedra beati Petri* stand.

[102] Dort tagte im Jahre 1080 eine Synode, auf der der spätere Gegenpapst Clemens III. (Wibert von Ravenna) designiert wurde. Bonizo wertet diese Designation als schismatische Papstwahl.

[103] Wie Anm. 101.

Kirche erhöht und diese Stadt befreit hat. Deshalb, weil wir bekanntlich für das römische Bischofsamt keinen besseren oder gleichartigen Elekten haben können, wählen wir diesen in unserer Kirche geweihten Mann, der Euch und uns wohl bekannt ist und durch alles bewährt." Und nachdem die Kardinalbischöfe, Kardinalpriester und Kardinalleviten sowie die Kleriker des nachfolgenden kirchlichen Standes alle mittels des üblichen Zurufs: „Der heilige Petrus hat Papst Gregor erwählt" ihre Zustimmung bekundet hatten, wurde der Widerstrebende unaufhörlich vom Volk weggezogen, fortgerissen und bei den Ketten des seligen Petrus[101] – nicht bei Brixen[102] – inthronisiert.

Nr. 12

Offiziöses Protokoll der Wahl Gregors VII.
(Reg. I, 1*)

Unter der Herrschaft unseres Herrn Jesus Christus, im Jahre 1073 seiner allergnädigsten Fleischwerdung, in der elften Indiktion und Lunation, an den zehnten Kalenden des Mai, am Montag, dem Tag der Beerdigung des Herrn Papstes Alexanders guten Angedenkens, versammelten wir uns, damit der apostolische Stuhl nicht lange wegen des Verlustes eines eigenen Hirten traure, in der Basilika des heiligen Petrus zu den Ketten[103]; und wir, die Kardinalkleriker der heiligen römischen, katholischen und apostolischen Kirche – Akolythen, Subdiakone, Diakone und Priester –, wählten uns im Beisein ehrwürdiger Bischöfe und Äbte, mit der Zustimmung der Kleriker und Mönche und unter Akklamation einer zahlreichen Menge beiderlei Geschlechts und unterschiedlichen Standes zum Hirten und Bischof einen gottesfürchtigen Mann, der stark ist durch seine Klugheit in beiden Wissenschaften, einen überaus vortrefflichen Verehrer von Ausgewogenheit und Gerechtigkeit, im Unglück tapfer, im Glück gemäßigt und nach dem Apostelwort[104] mit guten Sitten geschmückt, schamhaft, bescheiden, besonnen, keusch und gastfreundlich, der sein Haus gut regiert, der im Schoße dieser Mutter Kirche von Kindheit an ganz vortrefflich erzogen und belehrt wurde und der wegen seiner verdienstvollen Lebensführung

sexus diversique ordinis acclamantibus, eligimus nobis in pastorem et summum pontificem virum religiosum, geminę scientię prudentia pollentem, ęquitatis et iustitię prestantissimum amatorem, in adversis fortem, in prosperis temperatum et iuxta apostoli dictum[104] bonis moribus ornatum, pudicum, modestum, sobrium, castum, hospitalem, domum suam bene regentem, in gremio huius matris ecclesię a pueritia satis nobiliter educatum et doctum atque pro vitę merito in archidiaconatus honorem usque hodie sublimatum, Heldibrandum videlicet archidiaconum, quem ammodo et usque in sempiternum et esse et dici Gregorium papam et apostolicum volumus et approbamus. ,Placet vobis?' ,Placet'. ,Vultis eum?' ,Volumus'. ,Laudatis eum?' ,Laudamus'. Acta Rome X. Kalendas Maii, Indictione XI.

Nr. 13

Brief Gregors VII. an Siegfried von Mainz,
ed. H. E. J. Cowdrey, The *Epistolae Vagantes* of Pope Gregory VII
(Oxford 1972) Nr. 6, S. 14–16

G. seruus seruorum Dei Mogontino archiepiscopo[105] salutem et apostolicam benedictionem.

Cum apostolica auctoritate et ueridicis sanctorum patrum sententiis incitati ad eliminandam simoniacam heresim et praecipiendam clericorum castitatem pro nostri officii debito exarsimus, tibi cui est clerus et populus amplissime dilatatus, cui praeterea plures et late dispersi suffraganei sunt, hoc obedientiae munus iniungere decreuimus, ut tam per te quam per coadiutores tuos hoc Romanae ecclesiae decretum uniuerso clero studiosius inculcares et inuiolabiter tenendum proponeres. Qua de re tibi etiam speciales litteras cudere bulla nostra impressas collibuit, quarum fultus auctoritate tucius animosiusque praeceptis nostris obtemperes et de sanctuario Domini simoniacam heresim et

---

[104] Vgl. 1 Tim 3, 2–4.
[105] Siegfried von Mainz († 1084).

mit der Ehre des Archidiakonats bis auf den heutigen Tag ausgezeichnet wurde, nämlich den Archidiakon Hildebrand; wir wünschen und billigen, daß dieser von nun an und in Ewigkeit der Papst und Apostelnachfolger Gregor ist und auch so genannt wird. „Gefällt es Euch?" – „Es gefällt." – „Wollt Ihr ihn?" – „Wir wollen." – „Preist Ihr ihn?" – „Wir preisen ihn". Geschehen zu Rom, an den zehnten Kalenden des Mai, in der elften Indiktion.

Nr. 13

Brief Gregors VII. an Siegfried von Mainz
(Epp. Vag. 6)

Gregor, Knecht der Knechte Gottes, an den Erzbischof von Mainz[105] Heil und apostolischen Segen.

Weil wir – angestachelt durch apostolische Autorität und die wahrhaften Sätze der heiligen Väter – wegen der Verpflichtung unseres Amtes fest entschlossen sind, die simonistische Häresie zu beseitigen und die Keuschheit der Kleriker vorzuschreiben, haben wir befohlen, Dir, der Du einen Klerus und ein Volk besitzt, das sehr ausgedehnt ist, der Du außerdem mehrere und weit verstreute Suffragane hast, folgenden Dienst des Gehorsams aufzuerlegen: daß Du ebenso durch Dich wie auch durch Deine Helfer dieses Dekret der römischen Kirche für den gesamten Klerus überaus eifrig einschärfen und vorschreiben sollst, es unversehrt zu bewahren. Aus diesem Grund hat es (uns) gefallen, Dir zugleich ein eigenes Schreiben auszufertigen, dem unsere Bulle eingedrückt wurde, damit Du – gestützt auf dessen Autorität – um so sicherer und mutiger unseren Vorschriften gehorchst und die simonistische Häresie sowie die gräßliche Unkeuschheit der wollüstigen Berührung aus dem Heiligtum des Herrn vertreibst. Deshalb glaubten wir nicht ohne Grund, Dir schreiben zu müssen, daß wir auf unserer Synode gemäß dem Vorbild der heiligen Väter das Urteil gefällt haben, daß die, welche durch die simonistische Häresie, d. h. durch die Zahlung eines Preises, zu irgendeinem Grad der heiligen Weihen oder zu irgendeinem Amt erhoben worden sind, keinerlei Platz haben sollen, in der heiligen Kirche noch länger zu dienen; auch sollen jene, die

fedam libidinosae contagionis pollutionem expellas. Vnde non ab re tibi scribendum fore arbitrati sumus, nos iuxta auctoritatem sanctorum patrum in nostra synodo sententiam dedisse, ut hi qui per symoniacam heresim, hoc est interuentu precii, ad aliquem sacrorum ordinum gradum vel officium promoti sunt, nullum in sancta ecclesia ulterius locum ministrandi habeant; illi quoque qui ecclesias datione pecuniae obtinent omnino eas perdant, ne deinceps uendere aut emere alicui liceat; sed nec illi qui in crimine fornicationis iacent missas celebrare aut secundum inferiores ordines ministrare altari debeant. Statuimus etiam ut se ipsi contemptores fuerint nostrarum immo sanctorum patrum constitutionum, populus nullo modo eorum officia recipiat, ut qui pro amore Dei et officii dignitate non corriguntur uerecundia saeculi et obiurgatione populi resipiscant. Studeat ergo fraternitas tua sic se in his rebus nobis cooperatricem exhibere, sic crimina ista de ecclesiis tuis radicitus euellere, quatinus boni pastoris meritum[106] apud Deum ualeas obtinere et Romana ecclesia de te sicut de karissimo fratre et studioso cooperatore debeat gaudere.

Nr. 14

27 päpstliche Leitsätze,
ed. E. Caspar, Das Register Gregors VII. (= MGH Epp. sel. II, 1)
(Berlin 1920) Lib. II, 55 a, S. 201–208[107]

Dictatus pape.

I.   Quod Romana ecclesia a solo Domino sit fundata.

II.   Quod solus Romanus pontifex iure dicatur universalis.

III.   Quod ille solus possit deponere episcopos vel reconciliare.

---

[106] Vgl. Jo 10, 11–18.

[107] Aus Raumgründen wird darauf verzichtet, für die Sätze des Dictatus papae die mutmaßlichen kanonistischen Vorlagen zusammenzustellen. Vgl. dazu einführend die Edition von E. Caspar, S. 202–208.

irgendwelche Kirchen durch eine Geldzahlung innehaben, diese gänzlich verlieren, damit es fortan niemandem gestattet sei, zu verkaufen oder zu kaufen; aber auch jene, die im Verbrechen der Unkeuschheit liegen, sollen keine Messen feiern oder – gemäß den unteren kirchlichen Ständen – keinen Altardienst verrichten dürfen. Wir haben ferner beschlossen, daß – wenn die selbigen unsere, nein vielmehr die Vorschriften der heiligen Väter mißachtet haben sollten – das Volk in keinerlei Weise deren (sakramentale) Dienste entgegennehme, damit diejenigen, welche sich nicht aus Liebe zu Gott und wegen der Würde des Amtes bessern, durch die Scham vor der Welt und den Tadel des Volkes zur Vernunft kommen. Deine Brüderlichkeit bemühe sich also, sich auf diese Weise in diesen Dingen uns gegenüber als Mitwirkender zu erweisen und so diese Verbrechen aus Deinen Kirchen mit der Wurzel auszureißen, auf daß Du bei Gott das Verdienst des guten Hirten[106] zu erlangen vermagst und die römische Kirche sich über Dich als einen überaus geliebten Bruder und eifrigen Mitarbeiter freuen muß.

Nr. 14

Der Dictatus papae Gregors VII.
(Reg. II, 55 a)[107]

Diktat des Papstes

I.   Daß die römische Kirche vom Herrn allein gegründet worden sei.

II. Daß allein der römische Bischof zu Recht als universal bezeichnet werde.

III. Daß ausschließlich jener Bischöfe absetzen oder in den Schoß der Kirche wieder aufnehmen könne.

IV. Daß sein Legat allen Bischöfen auf einem Konzil übergeordnet sei, auch wenn er einen niedrigeren Weihegrad besitzt, und daß er gegen diese ein Absetzungsurteil fällen könne.

V.   Daß der Papst Abwesende ihres Amtes entheben könne.

VI. Daß wir mit von jenem Exkommunizierten unter anderem nicht in demselben Haus bleiben dürfen.

IIII.   Quod legatus eius omnibus episcopis presit in concilio etiam inferioris gradus et adversus eos sententiam depositionis possit dare.

V.   Quod absentes papa possit deponere.

VI.   Quod cum excommunicatis ab illo inter cętera nec in eadem domo debemus manere.

VII.   Quod illi soli licet pro temporis necessitate novas leges condere, novas plebes congregare, de canonica abbatiam facere et e contra, divitem episcopatum dividere et inopes unire.

VIII.   Quod solus possit uti imperialibus insigniis.

VIIII.   Quod solius papę pedes omnes principes deosculentur.

X.   Quod illius solius nomen in ecclesiis recitetur.

XI.   Quod hoc unicum nomen est in mundo.

XII.   Quod illi liceat imperatores deponere.

XIII.   Quod illi liceat de sede ad sedem necessitate cogente episcopos transmutare.

XIIII.   Quod de omni ecclesia quocunque voluerit clericum valeat ordinare.

XV.   Quod ab illo ordinatus alii ecclesię preesse potest, sed non militare; et quod ab aliquo episcopo non debet superiorem gradum accipere.

XVI.   Quod nulla synodus absque precepto eius debet generalis vocari.

XVII.   Quod nullum capitulum nullusque liber canonicus habeatur absque illius auctoritate.

XVIII.   Quod sententia illius a nullo debeat retractari et ipse omnium solus retractare possit.

XVIIII.   Quod a nemine ipse iudicari debeat.

XX.   Quod nullus audeat condemnare apostolicam sedem apellantem.

XXI.   Quod maiores causę cuiuscunque ecclesię ad eam referri debeant.

XXII.   Quod Romana ecclesia nunquam erravit nec imperpetuum scriptura testante[108] errabit.

---

[108] Vgl. Lk 22, 32.

VII. Daß es jenem allein gestattet ist, entsprechend dem Erfordernis der Zeit neue Gesetze zu schaffen, neue Gemeinden zu bilden, aus einer Kanonie eine Abtei zu machen und umgekehrt sowie ein reiches Bistum zu teilen und arme zu vereinigen.

VIII. Daß er allein kaiserliche Insignien benutzen könne.

IX. Daß alle Fürsten allein des Papstes Füße küssen sollen.

X. Daß allein sein Name in den Kirchen verlesen werde.

XI. Daß dieser Name einzigartig ist in der Welt.

XII. Daß es jenem erlaubt sei, Kaiser abzusetzen.

XIII. Daß es jenem gestattet sei, bei zwingender Notwendigkeit Bischöfe von einem Sitz auf einen anderen zu versetzen.

XIV. Daß er jeden beliebigen Kleriker aus der ganzen Kirche weihen könne.

XV. Daß ein von jenem Geweihter einer anderen Kirche zwar vorstehen, aber nicht dienen kann, und daß er von keinem anderen Bischof einen höheren Weihegrad empfangen darf.

XVI. Daß keine Synode ohne seine Anweisung als allgemein bezeichnet werden darf.

XVII. Daß kein Rechtssatz und kein Buch ohne seine Autorität als kirchenrechtlich verbindlich gelten solle.

XVIII. Daß sein Urteil von niemandem widerrufen werden dürfe und er selbst die Urteile aller widerrufen könne.

XIX. Daß er selbst von niemandem gerichtet werden dürfe.

XX. Daß es niemand wage, jemanden zu verdammen, der an den apostolischen Stuhl appelliert.

XXI. Daß die größeren Rechtsfälle einer jeden Kirche an ihn übertragen werden müssen.

XXII. Daß die römische Kirche niemals geirrt hat und nach dem Zeugnis der Schrift[108] auch fürderhin niemals irren wird.

XXIII. Daß der römische Bischof, falls er auf kanonische Weise in sein Amt eingesetzt wurde, durch die Verdienste des seligen Petrus unzweifelhaft heilig wird, nach dem Zeugnis des heiligen Bischofs Ennodius[109] von Pavia, dem viele heilige Väter zustimmen, wie es in den Dekreten des seligen Papstes Symmachus[110] überliefert ist.

XXIV. Daß es auf seinen Befehl und mit seiner Erlaubnis Untergebenen gestattet sei, Anklage zu erheben.

XXIII. Quod Romanus pontifex, si canonicę fuerit ordinatus, meritis beati Petri indubitanter efficitur sanctus testante sancto Ennodio Papiensi[109] episcopo ei multis sanctis patribus faventibus, sicut in decretis beati Symmachi[110] pape continetur.

XXIIII. Quod illius precepto et licentia subiectis liceat accusare.

XXV. Quod absque synodali conventu possit episcopos deponere et reconciliare.

XXVI. Quod catholicus non habeatur, qui non concordat Romanę ecclesię.

XXVII. Quod a fidelitate iniquorum subiectos potest absolvere.

Nr. 15

Protokoll der römischen Herbstsynode von 1078,
ed. E. Caspar, Das Register Gregors VII. (= MGH Epp. sel. II, 2)
(Berlin 1923) Lib. VI, 5 b, S. 403

(3.) (8.) Quoniam investituras ecclesiarum contra statuta sanctorum patrum a laicis personis in multis partibus cognovimus fieri et ex eo plurimas perturbationes in ecclesia oriri, ex quibus christiana religio conculcatur, decernimus, ut nullus clericorum investituram episcopatus vel abbatię vel ecclesię de manu imperatoris vel regis vel alicuius laicę personę, viri vel feminę, suscipiat. Quod si presumpserit, recognoscat investituram illam apostolica auctoritate irritam esse et se usque ad dignam satisfactionem excommunicationi subiacere.

---

[109] Ennodius von Parma († 521).
[110] Papst Symmachus († 514).

XXV.　　Daß er ohne eine synodale Zusammenkunft Bischöfe absetzen oder in den Schoß der Kirche wieder aufnehmen könne.

XXVI.　　Daß derjenige nicht für katholisch gehalten werde, der nicht mit der römischen Kirche übereinstimmt.

XXVII.　　Daß er Untergebene vom Treueid gegenüber Sündern lösen kann.

Nr. 15

Protokoll der römischen Herbstsynode von 1078
(Reg. VI, 5 b)

(3.) (8.) Weil wir wissen, daß in vielen Gegenden Investituren von Kirchen entgegen den Vorschriften der heiligen Väter von Laienpersonen vorgenommen werden und daß daraus zahlreiche Wirren in der Kirche entstehen, infolge derer die christliche Religion mißhandelt wird, bestimmen wir, daß keiner von den Klerikern die Investitur mit einem Bistum, einer Abtei oder einer (sonstigen) Kirche aus der Hand des Kaisers, des Königs oder irgendeiner anderen Laienperson, sei es Mann oder Frau, entgegennehme. Wenn er es aber dennoch wagen sollte, dann möge er wissen, daß jene Investitur durch apostolische Autorität ungültig ist und daß er bis zu einer angemessenen Rechtfertigung der Exkommunikation unterliegt.

Nr. 16

Protokoll der römischen Fastensynode von 1080,
ed. E. Caspar, Das Register Gregors VII. (= MGH Epp. sel. II, 2)
(Berlin 1923) Lib. VII, 14 a, S. 480–482

(1.) SEquentes statuta sanctorum patrum, sicut in prioribus conciliis,
quę Deo miserante celebravimus, de ordinatione ecclesiasticarum digni-
tatum statuimus, ita et nunc apostolica auctoritate decernimus ac
confirmamus, ut, si quis deinceps episcopatum vel abbatiam de manu
alicuius laicę personę susceperit, nullatenus inter episcopos vel abbates
habeatur nec ulla ei ut episcopo seu abbati audientia concedatur.
Insuper etiam ei gratiam sancti Petri et introitum ecclesię interdicimus,
quousque locum, quem sub crimine tam ambitionis quam inoboedien-
tię, quod est scelus idolatrię[111], cepit, resipiscendo non deserit. Similiter
etiam de inferioribus ecclesiasticis dignitatibus constituimus.

(2.) Item si quis imperatorum regum ducum marchionum comitum
vel quilibet secularium postestatum aut personarum investituram epis-
copatuum vel alicuius ecclesiasticę dignitatis dare presumpserit, eiusdem
sententię vinculo se obstrictum esse sciat. Insuper etiam, nisi resipiscat
et ecclesię propriam libertatem dimittat, divinę animadversionis ultio-
nem in hac presenti vita tam in corpore suo quam ceteris rebus suis
sentiat, ut in adventu Domini spiritus salvus fiat[112].

(6.) Item de electione pontificum

Quotiens defuncto pastore alicuius ecclesię alius est ei canonice
subrogandus, instantia visitatoris episcopi, qui ei ab apostolica vel
metropolitana sede directus est, clerus et populus remota omni seculari
ambitione timore atque gratia apostolicę sedis vel metropolitani sui
consensu pastorem sibi secundum Deum eligat. Quod si corruptus
aliquo vitio aliter agere presumpserit, electionis perperam factę omni
fructu carebit et de cętero nullam electionis potestatem habebit,

---

[111] Vgl. Sm (1 Kg) 15, 23.
[112] Vgl. 1 Kor 5, 5.

Nr. 16

Protokoll der römischen Fastensynode von 1080 (Reg. VII, 14 a)

(1.) Genau wie wir auf früheren Konzilien, die wir mit Gottes Erbarmen gefeiert haben, entsprechend den Satzungen der heiligen Väter Entscheidungen über die Einsetzung in kirchliche Ämter gefällt haben, so entscheiden wir auch jetzt mit apostolischer Autorität und bekräftigen, daß, wenn fortan irgendjemand ein Bistum oder eine Abtei aus der Hand irgendeiner Laienperson empfangen haben sollte, dieser keineswegs zu den Bischöfen oder Äbten gezählt werde und daß ihm vor Gericht nicht wie einem Bischof oder Abt Gehör geschenkt werde. Darüber hinaus untersagen wir ihm auch die Gnade des heiligen Petrus und das Betreten der Kirche, solange er nicht wieder zu Verstand kommt und den Platz verläßt, den er unter dem Verbrechen der Amtserschleichung und des Ungehorsams, was die Sünde der Idolatrie bedeutet[111], in Besitz genommen hat. In gleicher Weise verfügen wir auch in bezug auf die niedrigeren kirchlichen Würden.

(2.) Ebenso: Wenn jemand von den Kaisern, Königen, Herzögen, Markgrafen, Grafen oder jemand sonst von den weltlichen Mächten oder Personen es in Zukunft gewagt haben sollte, die Investitur mit Bistümern oder irgendeiner anderen kirchlichen Würde zu gewähren, dann wisse er, daß er durch die Fessel desselben Urteils gebunden ist. Darüber hinaus soll er auch, wenn er nicht wieder zu Verstand kommt und der Kirche die ihr gehörende Freiheit überläßt, in diesem gegenwärtigen Leben die Vergeltung göttlicher Strafe sowohl an seinem Körper als auch an seinem übrigen Eigentum zu spüren bekommen, damit bei der Ankunft des Herrn der Geist unbeschadet bleibe[112].

(6.) Ebenso über die Bischofswahl

Jedesmal, wenn nach dem Tod des Hirten irgendeiner Kirche ein anderer auf kanonische Weise zum Nachfolger bestellt werden muß, sollen Klerus und Volk – nach Entfernung von jeglichem weltlichen Ehrgeiz, von Furcht und Gunst – sich gemäß Gottes Willen mit Billigung des apostolischen Stuhls oder ihres Metropoliten einen Hirten wählen, und zwar in Anwesenheit eines Bischofsvisitators, der ihnen vom apostolischen Stuhl oder vom Metropolitansitz geschickt wurde. Wenn aber ein Verderbter mittels irgendeines Vergehens es gewagt haben sollte, anders zu handeln, dann wird er jeder Frucht seiner

electionis vero potestas omnis in deliberatione sedis apostolicę sive metropolitani sui consistat. Si enim his, ad quem consecratio pertinet, non rite consecrando teste beato Leone[113] gratiam benedictionis amittit, consequenter is, qui ad pravam electionem declinaverit, eligendi potestate privatur.

Nr. 17

Konzilsansprache Gregors VII. zum Lobe Clunys
(gehalten auf der römischen Fastensynode von 1080),
ed. H. E. J. Cowdrey, The *Epistolae Vagantes* of Pope Gregory VII
(Oxford 1972) Nr. 39, S. 96–98

Domnus ac beatissimus papa Gregorius VII anno pontificatus sui septimo in basilica Lateranensi quae et Constantiniana dicitur in honore Saluatoris et beati Iohannis Baptiste consilium generale celebrans, indicto cunctis silentio, surrexit et dixit:

Noueritis, fratres et consacerdotes nostri, immo tota haec sancta synodus cognoscat et sciat, qui cum ultra montes multa sint monasteria ad honorem Dei omnipotentis et beatorum apostolorum Petri et Pauli nobiliter et religiose fundata, inter omnia quoddam in illis partibus habetur, quod quasi peculiare et proprium beato Petro et huic aecclesiae speciali iure adheret, Cluniaticum uidelicet, ad honorem et tutelam huius sanctae et apostolicae sedis ab ipsis primordiis principaliter adsignatum, et faciente diuina clementia sub religiosis et sanctis abbatibus ad id usque dignitatis et religionis peruenit, ut ceteris monasteriis, quamuis multis antiquioribus, quantum ipse cognosco, in Dei seruitio et spiritali feruore praecellat, et nullum in terra illa quod ego sciam huic omnino ualeat adaequari. Nullus enim abbas umquam ibi fuit qui sanctus non fuisset. Quod abbates et monachi huius semper aecclesiae filii in nullo degeneres extiterunt, nec curuauerunt genua sua ante Bahal nec Bahalim, nec Geroboam[114], sed huius sanctae Romanae sedis

---

[113] Gemeint ist Papst Leo I. († 461); vgl. JK 410.
[114] Vgl. 1 Kg (3 Kg) 19, 18 und 1 Kg (3 Kg) 12, 25–33.

unrechtmäßig vollzogenen Wahl entbehren und im übrigen keine Wahlvollmacht mehr besitzen, die ganze Wahlgewalt soll dann vielmehr auf dem Entschluß des apostolischen Stuhls oder seines Metropoliten beruhen. Wenn nämlich derjenige, dem die Weihe rechtmäßig zukommt, durch eine nicht ordnungsgemäße Konsekration nach dem Zeugnis des seligen Leo[113] die Gnade der Weihe verliert, dann wird folglich derjenige, der eine schändliche Wahl begünstigt hat, der Wahlvollmacht beraubt.

Nr. 17

Konzilsansprache Gregors VII. zum Lobe Clunys (gehalten auf der römischen Fastensynode von 1080) (Epp. Vag. 39)

Der Herr und überaus selige Papst Gregor VII. feierte im siebten Jahr seines Pontifikats in der Lateranbasilika, die auch Constantiniana genannt wird, zu Ehren des Erlösers und des seligen Johannes des Täufers ein allgemeines Konzil; nachdem er allen übrigen Schweigen geboten hatte, erhob er sich und sprach:

„Ihr wißt, Brüder und unsere Mitpriester, nein vielmehr diese ganze heilige Synode möge erkennen und wissen, daß – obwohl es jenseits der Berge viele Klöster gibt, die zu Ehren Gottes, des Allmächtigen, und zu Ehren der seligen Apostel Petrus und Paulus in vornehmer und gottesfürchtiger Weise gegründet wurden – in jener Region unter allen nur eines existiert, das gewissermaßen als erbliches Eigen dem seligen Petrus und dieser Kirche durch besonderes Recht gehört, nämlich das von Cluny, welches dem Recht und dem Schutz dieses heiligen apostolischen Stuhls von seinen ersten Anfängen an hauptsächlich unterstellt wurde und welches durch das Wirken der göttlichen Milde unter gottesfürchtigen und heiligen Äbten bis zu diesem Punkt der Würde und Gottesfurcht angelangt ist, daß es alle anderen Klöster im Gottesdienst und im geistlichen Eifer überragt – obschon viele davon, soweit ich weiß, wesentlich älter sind – und daß kein Kloster meines Wissens diesem gleichzukommen vermag. Denn es gab dort niemals einen Abt, der nicht heilig gewesen wäre. Weil die Äbte und Mönche niemals in irgendeiner Weise als abtrünnige Söhne dieser Kirche

libertatem dignitatemque imitantes, quam ab origine traxerunt, nobiliter
sibi per successionis seriem auctoritatem seruauere. Non enim alicui
umquam alienae uel terrenae potestati colla subdiderunt, in sola beati
Petri et huius aecclesiae subiectione defensioneque permanentes. Et
idcirco uolumus atque apostolica auctoritate firmamus et contradicimus, ut nulla umquam persona, parua uel magna, siue potestas aliqua,
non archiepiscopus, non episcopus, nullus regum, ducum, marchionum,
principum, comitum, nec etiam aliquis legatus meus, supra illum locum
et monasterium umquam buccam suam aperiat aliquamue exerceat
potestatem. Verum iuxta tenorem priuilegii nostri et antecessorum
nostrorum auctoritatem, et libertatis immunitatem sibi ab hac sede
concessam integram perpetuamque omnino possideat, ut tantummodo
sub alis apostolicis ab omni aestu et turbine inpugnationis respiret, et in
gremio huius sanctae aecclesiae, ad honorem omnipotentis Dei et
beatorum apostolorum Petri et Pauli in perpetuum dulcissime quies-
cat.

Et ita uertens se domnus papa ad dextram partem sinodalis conuen-
tus, percunctatus est eos dicens: ,Placet ita uobis? laudatis?' Responde-
runt: ,Placet, laudamus.' Vertens se iterum in sinistram eodem modo
interrogauit. Eodem quoque modo responsum est a sancto conuentu:
,Placet, laudamus.' Post haec uerba stando in throno pontificali perorata
domnus papa assedit.

Nr. 18

Privileg Urbans II. für das Stift Rottenbuch aus dem Jahre 1092,
in: Migne PL 151, Sp. 337 f. (Auszüge)

URBANUS episcopus, servus servorum Dei, charissimo filio ULDA-
RICO praeposito canonicae, quae in loco Raitenpuech ad honorem
S. Dei genitricis et virginis Mariae sita est, ejusque successoribus
canonice substituendis, in perpetuum.

Potestatem ligandi atque solvendi in coelis et in terra, B. Petro
ejusque successoribus, auctore Deo, principaliter traditam, illis Ecclesia

hervortraten, beugten sie auch niemals ihre Knie vor Baal und den Baalim (wie) Jerobeam[114], sondern ahmten stets die Freiheit und Würde dieses heiligen römischen Sitzes nach, die sie sich von vornherein aneigneten, und bewahrten sich dessen Autorität von Generation zu Generation in vortrefflicher Weise. Denn sie beugten ihre Nacken niemals irgendeiner fremden oder weltlichen Gewalt, weil sie stets allein unter der Oberhoheit und dem Schutz des seligen Petrus und seiner Kirche verblieben. Deshalb auch wollen wir und bekräftigen mit apostolischer Autorität und verbieten, daß jemals eine Person, klein oder groß, oder irgendeine Gewalt, nicht ein Erzbischof, nicht ein Bischof, keiner von den Königen, Herzögen, Markgrafen, Fürsten und Grafen, nicht einmal einer von meinen Legaten, über jenen Ort und jenes Kloster seinen Mund öffne oder irgendeine Gewalt ausübe. Wahrlich, gemäß dem Wortlaut unseres Privilegs und der Autorität unserer Vorgänger möge es die Immunität der Freiheit, die ihr von diesem Sitz zugestanden wurde, auf immer und völlig unversehrt besitzen, so daß es auf diese Weise unter den apostolischen Fittichen – geschützt vor jeder Sommerhitze und jedem Wirbelsturm der Anfeindung – frei atmen und im Schoß dieser heiligen Kirche zu Ehren Gottes und der seligen Apostel Petrus und Paulus für immer auf das süßeste ruhen kann."

Und so wandte sich der Herr Papst zur rechten Seite der synodalen Zusammenkunft, verweilte dort und sprach diese an: „Gefällt es Euch so? Lobt Ihr es?" Sie antworteten: „Es gefällt, wir loben es." Er wandte sich nochmals um, diesmal zur linken Seite, und fragte in derselben Weise. Und in der gleichen Form wurde ihm von der heiligen Gemeinschaft geantwortet: „Es gefällt, wir loben es." Nachdem er diese Worte auf dem Thron stehend gesagt hatte, setzte sich der Herr Papst nieder.

Nr. 18

Privileg Urbans II. für das Stift Rottenbuch aus dem Jahre 1092

Bischof Urban, Knecht der Knechte Gottes, seinem überaus geliebten Sohn Ulrich, dem Propst des Kanonikerstifts, welches an dem Orte Rottenbuch zu Ehren der heiligen Gottesmutter und Jungfrau Maria

verbis agnoscit quibus Petrum est Dominus allocutus: *Quaecunque ligaveris super terram, erunt ligata et in coelis; et quaecunque solveris super terram, erunt soluta et in coelis*[115]. Ipsi quoque et propriae firmitas et alienae fidei confirmatio, eodem Deo auctore, praestatur, cum ad eum ait: *Rogavi pro te, Petre, ut non deficiat fides tua, et tu aliquando conversus confirma fratres tuos*[116]. Oportet ergo nos qui, licet indigni, Petri residemus in loco, prava corrigere, recta firmare et in omni Ecclesia ad aeterni arbitrium Judicis sic disponenda disponere ut de vultu ejus judicium prodeat, et oculi nostri videant aequitatem[117]. . .

Omnipotenti autem Domino, cujus melior est misericordia super victimas, gratias agimus, quia vos estis qui SS. Patrum vitam probabilem renovatis, et apostolicae instituta disciplinae, in primordiis Ecclesiae sanctae exorta, sed crescente Ecclesia jam pene deleta, instinctu sancti Spiritus suscitatis. Duo enim ab Ecclesiae sanctae primordiis vitae ejus filiis sunt instituta; una, qua infirmorum debilitas retinetur, altera qua fortiorum vita beata perficitur; una remanens in Segor parvula, altera ad montis altiora conscendens[118]; una lacrymis, et eleemosynis quotidiana peccata redimens, altera quotidiana instantia merita aeterna conquirens; alteram tenentes, inferiorem terrenis bonis utuntur; alteram sequentes, superiorem bona terrena descipiunt ac relinquunt. Haec autem quae a terrenis divino favore divertitur in duas unius pene ejusdemque praepositi dividitur portiones, canonicorum scilicet atque monachorum. Harum secunda per divinam misericordiam jam frequentia facta etiam in saeculo universo elucet; prima vero de calescente fervore fidelium jam pene omnino defluxit. Hanc martyr et pontifex Urbanus[119] instituit, hanc Augustinus[120] suis regulis ordinavit. Hanc Hieronymus[121] suis

---

[115] Vgl. Mt 16, 18 f.
[116] Vgl. Lk 22, 32.
[117] Vgl. Ps 17, 2.
[118] Vgl. Gn 19, 30.
[119] Papst Urban I. († 230).

errichtet wurde, sowie dessen Nachfolgern, die auf kanonische Weise einzusetzen sind, auf ewig!

Daß die Binde- und Lösegewalt im Himmel und auf Erden vor allem dem seligen Petrus und dessen Nachfolgern durch Gottes Wirken übertragen wurde, weiß die Kirche durch folgende Worte, die der Herr zu Petrus sprach: „Was auch immer Du auf Erden gebunden haben wirst, wird auch im Himmel gebunden sein; und was auch immer Du gelöst haben wirst auf Erden, das wird auch im Himmel gelöst sein."[115] Auch wurde ihm durch dasselbe Wirken Gottes sowohl die Sicherheit des eigenen Glaubens als auch die Stärkung des Glaubens anderer verliehen, als der Herr zum ihm sprach: „Ich habe für Dich gebetet, Petrus, damit Dein Glaube nicht schwinde, und Du stärke Deine Brüder, wenn Du dereinst bekehrt bist."[116] Es gehört sich also, daß wir, die wir – obwohl unwürdig – an der Stelle Petri sitzen, das Schlechte verbessern, das Richtige bekräftigen und in der gesamten Kirche das Anordnenswerte zum Wohlgefallen des höchsten Richters anordnen, damit der Urteilsspruch aus dessen Mund hervorgeht und damit unsere Augen Gerechtigkeit sehen[117]...

Wir sagen aber Dank dem allmächtigen Herrn, dessen Barmherzigkeit sich deshalb besser über die Opferlämmer ausbreitet, weil Ihr diejenigen seid, die die vorbildliche Lebensweise der heiligen Kirchenväter erneuert und die jene Vorschriften der apostolischen Lehre mittels der Eingebung des Heiligen Geistes zu neuem Leben erweckt, welche in den Anfängen der heiligen Kirche entstanden sind, aber im Zuge des Wachstums der Kirche fast völlig zerstört wurden. Zwei Lebensformen sind nämlich seit den Anfängen der heiligen Kirche für deren Kinder eingerichtet worden: eine erste, mit deren Hilfe die Schwäche der Unsicheren zurückgehalten wird, und eine zweite, durch welche die selige Lebensweise der Starken vervollkommnet wird; die eine verbleibt dabei im Tale Segor, die andere steigt zu den Höhen des Berges auf[118]; die eine kauft die täglichen Sünden durch Tränen und Almosen los, die andere erlangt die ewigen Verdienste durch beständigen Eifer. Diejenigen, welche die eine, geringere Lebensform beibehalten, genießen die weltlichen Güter; diejenigen, welche der anderen, höheren folgen, verachten die weltlichen Güter und lassen sie links liegen. Diese zweite Lebensform aber, welche sich von den irdischen Dingen durch göttliche Gunst abgekehrt hat, ist geteilt in zwei Gruppen fast ein und derselben

epistolis informavit, hanc Gregorius[122] Augustino[123] Anglorum archiepiscopo instituendam praecepit[123a]. Itaque non minoris aestimandum est meriti, hanc vitam Ecclesiae primitivam aspirante et prosequente Domini spiritu sustentare, quam florentem monachorum religionem ejusdem spiritus perseverantia custodire . . .

Nr. 19

Urbani II. Concilium Placentinum,
ed. L. Weiland, in: MGH Const. 1, Nr. 393, S. 561–563

Anno dominice incarnationis MXCV, indictione tertia, Kalendis Martii celebrata est Placentiae synodus praesidente domno Urbano papa cum episcopis et abbatibus tam Galliarum quam Longobardiae et Tusciae. Facta est autem magna consultatio de his, qui aecclesias vel praebendas emerant, sed et de his, qui in scismate Wibertino fuerant ordinati. Et primo quidem ac tercio die in campo concilium sedit. Tantus enim convenerat populus, ut nulla eos aecclesia caperet, exemplo quidem Moysi Deuteronomium commendantis[124] et domini nostri Iesu Christi docentis in loco campestri. Septimo tandem die post tractationem diutinam haec sunt capitula prolata et assensu totius concilii comprobata:

1. Ea, quae a sanctis patribus de simoniacis statuta sunt, nos quoque sancti Spiritus iudicio et apostolica auctoritate firmamus.

---

[120] Augustinus von Hippo († 430).

[121] Der Kirchenlehrer Hieronymus († 419/420).

[122] Papst Gregor I. († 604).

[123] Augustinus von Canterbury († 604).

[123a] Als Vorlage für die hier zitierte Autoritätenreihe diente vermutlich: Anselmi episcopi Lucensis Collectio canonum una cum collectione minore, rec. F. Thaner, Fasc. II (Innsbruck 1915) Lib. VII, cc. 2–5, S. 362–367. Vgl. H. Fuhrmann, Papst Urban II. und der Stand der Regularkanoniker (München 1984) S. 7 Anm. 10.

[124] Vgl. Dt 1, 1.

Vorzüglichkeit, nämlich die der Kanoniker und die der Mönche. Die zweite dieser beiden Gruppen ist durch die göttliche Barmherzigkeit schon sehr stark angewachsen, ja sie leuchtet in der ganzen Welt: die erste aber ist wegen der erkaltenden Glut der Gläubigen fast völlig verschwunden. Diese richtete der Märtyrer und Papst Urban[119] ein, diese ordnete Augustinus[120] durch seine Regeln. Diese lehrte Hieronymus[121] durch seine Briefe, diese schrieb Gregor[122] Augustinus[123], dem Erzbischof der Angeln, vor[123a]. Es darf deshalb nicht als geringerer Verdienst bewertet werden, diese ursprüngliche Lebensform mit dem Beistand und in Begleitung des Geistes des Herrn aufrechtzuerhalten, als die blühende Frömmigkeit der Mönche mit der Beharrlichkeit desselben Geistes zu bewahren . . .

Nr. 19

Protokoll des Konzils von Piacenza (1095)

Im Jahre der Fleischwerdung des Herrn 1095, in der dritten Indiktion, wurde an den Kalenden des Märzes in Piacenza unter dem Vorsitz des Herrn Papstes Urban zusammen mit Bischöfen und Äbten sowohl aus den gallischen Gebieten als auch aus der Lombardei und Tuszien ein Konzil gefeiert. Es wurde dabei aber ausführlich über jene beraten, die Kirchen oder kirchliche Pfründen gekauft hatten, zugleich jedoch auch über jene, die während des wibertinischen Schismas ihre Weihe empfangen hatten. Sowohl am ersten als auch am dritten Tag saß das Konzil auf freiem Feld. Eine so große Volksmenge hatte sich nämlich versammelt, daß keine Kirche sie fassen konnte, genau nach dem Vorbild des Moses, der das Buch Deuteronomium bekanntlich in der Wüste verkündete[124], und dem unseres Herrn Jesus Christus, der auf freiem Feld lehrte. Dann, am siebten Tag, sind folgende Beschlüsse nach ausführlicher Beratung vorgetragen und durch die Zustimmung des gesamten Konzils bestätigt worden:

1. Wir bekräftigen durch das Urteil des Heiligen Geistes und zugleich durch apostolische Autorität all das, was von den heiligen Vätern jemals über die Simonisten festgelegt wurde.

2. Wir meinen demzufolge, daß all das, was an heiligen Weihen oder kirchlichen Gütern aufgrund der Zahlung oder des Versprechens von

2. Quicquid igitur vel in sacris ordinibus vel in aecclesiasticis rebus vel data vel promissa pecunia acquisitum est, nos irritum esse et nullas umquam vires optinere censemus.

3. Si qui tamen a simoniacis non simoniace ordinati sunt, si quidem probare potuerint, se, cum ordinarentur, eos nescisse simoniacos, et si tunc pro catholicis habebantur in aecclesia, talium ordinationes misericorditer sustinemus, si tamen laudabilis eos vita commendat.

4. Qui vero scienter se a simoniacis consecrari immo execrari passi sunt, eorum consecrationem omnino irritam esse decernimus.

5. Quicunque sane cupidate parentum, cum adhuc parvuli essent, aecclesias vel aecclesiarum beneficia per pecunias adepti sunt, postquam eas omnino dimiserint, si canonicę in eis vivere voluerint, pro misericordia ibidem eos esse concedimus neque pro hoc facto a sacris ordinibus removemus, si alias digni inveniuntur.

6. Illi vero, qui per se ipsos, cum iam maioris essent aetatis, nefanda cupiditate ducti eas emerunt, si in aliis aecclesiis canonice vivere voluerint, servatis propriis ordinibus, pro magna misericordia ibi eos ministrare permittimus. Quodsi ad alias fortasse transferri non poterunt et in eisdem canonicę vivere promiserint, minoribus ordinibus contenti, ad sacros ordines non accedant, salva tamen in omnibus apostolicae sedis auctoritate.

7. Si qui tamen ante emptionem catholice ordinati sunt, cum ea quae emerunt dimiserint et vitam canonicam egerint, in suis gradibus permittantur, nisi forte eiusmodi aecclesia sit, ut ibi primum locum debeant optinere. Primum enim vel singularem vel praepositurae vel officii locum in emptis aecclesiis eos habere non patimur.

8. Ordinationes quae a Wiberto heresiarcha factae sunt, postquam ab apostolicae memoriae papa Gregorio et a Romana aecclesia est dampnatus, irritas esse iudicamus.

9. Similiter autem et eas quae a ceteris heresiarchis nominatim excommunicatis factae sunt et ab eis qui catholicorum et adhuc viventium episcoporum sedes invaserunt, nisi probare valuerint, se, cum ordinarentur, eo nescisse dampnatos.

10. Qui vero ab episcopis quondam quidem catholice ordinatis sed in hoc scismate a Romana aecclesia separatis consecrati sunt, eos nimirum, cum ad aecclesiae unitatem redierint, servatis propriis ordinibus, misericorditer suscipi iubemus, si tamen vita eos et scientia commendat.

Geld erworben wurde, ungültig sei und keinerlei geistliche Kräfte beinhalte.

3. Wenn es aber Leute geben sollte, die von Simonisten ohne jede Simonie geweiht wurden, wenn diese glaubwürdig versichern können, daß sie zum Zeitpunkt ihrer Ordination jene nicht als Simonisten identifiziert hätten, und wenn sie daraufhin in der Kirche für Katholiken gehalten wurden, dulden wir mitleidig die Weihen solcher Leute, aber nur dann, wenn eine lobenswerte Lebensführung sie empfiehlt.

4. Die Weihen jener aber, die wissentlich duldeten, daß sie von Simonisten geweiht – oder besser gesagt: verwünscht – wurden, sind nach unserer Entscheidung vollkommen ungültig.

5. Wir gestatten allerdings aus Mitleid, daß alle, die durch die Raffgier ihrer Eltern (als sie noch Kinder waren) Kirchen oder Kirchengut für Geld erworben haben, nach vollständiger Rückgabe dieser Dinge ebendort bleiben können, wenn sie in diesen (Kirchen und Besitzungen) auf kanonische Weise leben wollen; und wir entfernen sie deshalb auch nicht aus den heiligen Ständen – vorausgesetzt, daß sie sich ansonsten als würdig erweisen.

6. Aus großer Barmherzigkeit erlauben wir sogar, daß jene, die aus eigenem Antrieb (weil sie schon ein höheres Alter erreicht hatten) diese Dinge, verführt durch verdammenswerte Gier, gekauft haben, wenn sie in anderen Kirchen auf kanonische Weise leben wollen, dort unter Beibehaltung ihrer Weihegrade ihr Amt ausüben dürfen. Wenn sie jedoch vielleicht nicht an andere Kirchen versetzt werden können und versprochen haben sollten, in ihren eigenen auf kanonische Weise zu leben, dann sollen sie sich mit den niederen Weihegraden zufrieden geben, keinesfalls jedoch anschließend an die heiligen Stände herantreten, dabei bleibe aber in allen Dingen die Autorität des apostolischen Stuhls unangetastet.

7. Wenn aber irgendwelche Personen vor dem Kauf auf katholische Weise geweiht wurden und wenn diese das, was sie kauften, zurückgeben und ein kanonisches Leben führen, dann sei es ihnen gestattet, in ihren Weihegraden zu verbleiben, es sei denn, es handele sich um eine Kirche von der Art, daß sie dort den ersten Platz einnehmen müßten. Wir dulden nämlich nicht, daß sie in den gekauften Kirchen den ersten und einzigartigen Platz einer Propstei oder eines anderen hohen Amtes innehaben.

11. Amodo vero quicumque a praedictis scismaticis sancteque Romanae aecclesiae adversariis se ordinari permiserit, nullatenus hac venia dignus habeatur.

12. Quamvis autem misericordiae intuitu magnaque necessitate cogente hanc in sacris ordinibus dispensationem constituerimus, nullum tamen praeiudicium sacris canonibus fieri volumus; sed obtineant proprium robur. Et cessante necessitate, illud quoque cesset quod factum est pro necessitate. Ubi enim multorum strages iacet, subtrahendum est aliquid severitati, ut addatur amplius caritati.

13. Illud quoque praecipimus, ut pro crismate et baptismo et sepultura nihil umquam exigatur.

14. Statuimus etiam, ut ieiunia quatuor temporum hoc ordine celebrentur: primum ieiunium in inicio quadragesime, secundum in ebdomada pentecostes, tercium vero et quartum in Septembri et Decembri more solito fiant.

15. Sanctorum canonum statutis consona sentientes decernimus, ut sine titulo facta ordinatio irrita habeatur et in qua quislibet titulatus est aecclesia, in ea perpetuo perseveret. Omnino autem in duabus aliquem titulari non liceat, sed unusquisque in qua titulatus est, in ea tantum canonicus habeatur. Licet enim episcopi dispositione unus diversis praeesse possit aecclesiis, canonicus tamen aut praebendarius nisi unius tantum aecclesiae, in qua conscriptus est, esse non debet. Si quae tamen capellae sunt, que suis reditibus clericos sustinere non possint, earum cura ac dispositio praeposito maioris aecclesiae, cui capellae subditae videntur, immineat et tam de possessionibus quam et de aecclesiasticis capellarum officiis ipse provideat.

8. Wir entscheiden, daß alle Weihen, die von dem Häresiarchen Wibert vorgenommen wurden, nachdem dieser von Papst Gregor apostolischen Angedenkens und von der römischen Kirche verdammt worden war, ungültig sind.

9. In gleicher Weise beurteilen wir aber auch jene Weihen, welche von den übrigen namentlich exkommunizierten Häresiarchen vorgenommen wurden, und jene Weihen, die von Leuten vorgenommen wurden, die in die Sitze von katholischen und noch lebenden Bischöfe eingedrungen sind: es sei denn, irgendwelche Personen könnten glaubhaft machen, daß sie zum Zeitpunkt ihrer Ordination von deren Verurteilung nichts gewußt hätten.

10. Diejenigen aber, die von Bischöfen geweiht wurden, welche einstmals auf katholische Weise ordiniert wurden, dann aber in diesem Schisma von der römischen Kirche abfielen, befehlen wir, in jedem Fall unter Beibehaltung ihrer Weihegrade mildtätig aufzunehmen, wenn sie zur Einheit der Kirche zurückkehren: allerdings nur, wenn ihre Lebensführung und ihr Wissen sie empfiehlt.

11. Wer es aber in der Zukunft noch erlauben sollte, sich von den vorgenannten Schismatikern und Feinden der heiligen römischen Kirche weihen zu lassen, der werde dieser Vergebung keinesfalls für würdig befunden.

12. Obwohl wir jedoch in Anbetracht der Barmherzigkeit und unter dem Zwang der großen Notwendigkeit diese Verfügung hinsichtlich der heiligen Stände erlassen haben, wollen wir keineswegs, daß den heiligen Kanones irgendein Schaden zugefügt werde, diese sollen vielmehr ihre ureigene Kraft behalten. Und wenn die Notwendigkeit vorübergeht, soll auch das weichen, was ihretwegen geschehen ist. Wo nämlich die Vernichtung vieler offen zutage tritt, dort ist soviel an Strenge wegzunehmen, wie an Liebe hinzugefügt wird.

13. Außerdem schreiben wir vor, daß für Chrisma, Taufe oder Begräbnis keinerlei Gebühren erhoben werden sollen.

14. Ferner setzen wir fest, daß vier Fastenperioden in folgender zeitlicher Abfolge begangen werden sollen: Das erste Fasten soll geschehen am Beginn der vierzig Tage vor Ostern, das zweite in der Pfingstwoche, das dritte und vierte aber im September bzw. Dezember nach der üblichen Weise.

15. In Übereinstimmung mit den Vorschriften der heiligen Kanones

Nr. 20

Panormia Ivonis Carnotensis episcopi,
in: Migne PL 161, Lib. VIII, c. 135, Sp. 1337 CD (Kanonistische
Kurzfassung des ersten der sogenannten „falschen
Investiturprivilegien"[125])

CAP. CXXXV. *Imperator jus habet eligendi pontificem.* Ex synod.
VIII, in hist. eccl.
Adrianus[126] papa Romanus venire Carolum[127] ad defendendas res
Ecclesiae postulavit. Carolus vero Romam veniens, Papiam obsedit,
ibique relicto exercitu in sancta resurrectione ab Adriano papa Romae
honorifice susceptus est. Post sanctam vero resurrectionem reversus
Papiam cepit Desiderium[128] regem, deinde Romam reversus, constituit
ibi synodum cum Adriano papa, in patriarchatu Lateranensi in ecclesia
Sancti Salvatoris. Quae synodus celebrata est, a CLIII episcopis,
religiosis et abbatibus. Adrianus autem papa cum universa synodo
tradiderunt Carolo jus et potestatem eligendi pontificem, et ordinandi
apostolicam sedem. Dignitatem quoque patriarchatus[129] ei concesserunt.
Insuper archiepiscopos per singulas provincias ab eo investituram
accipere definivit; et ut, nisi a rege laudetur et investiatur episcopus, a
nemine consecretur, et quicunque contra hoc decretum ageret anathematis vinculo innodavit, et nisi resipisceret, bona ejus publicari praecepit.

---

[125] Mit dem Ausdruck „falsche Investiturprivilegien" bezeichnet die Forschung eine
Gruppe von vier fiktiven Dokumenten, mit denen die salische Partei während des
Investiturstreits ihren Rechtsstandpunkt zu legitimieren versuchte. Der vorliegende Text
nimmt Bezug auf das sog. Hadriani I. decretum de investituris, ed. C. Märtl, Die falschen
Investiturprivilegien (= MGH Font. iur. Germ. ant. in usum scholarum seperatim
editi 13) (Hannover 1986) S. 137–147 und erlangte schon bald nach seiner Entstehung (an
der Wende vom 11. zum 12. Jahrhundert) eine enorme handschriftliche Verbreitung.

[126] Hadrian I. († 795).

[127] Karl der Große († 814).

[128] Desiderius, König der Langobarden († nach 774).

[129] Hier ist offensichtlich in *patriciatus ei concessit* zu emendieren. Vgl. dazu die in
Anm. 125 zitierte Edition von C. Märtl, S. 145, Z. 57 f.

entscheiden wir, daß eine Ordination, die nicht auf einen bestimmten Titel vorgenommen wurde, für ungültig gehalten werde und daß ein jeder in der Kirche auf Dauer bleiben soll, in der er betitelt wurde. Es möge aber überhaupt nicht gestattet sein, jemanden in zwei Kirchen zu betiteln, vielmehr soll ein jeder nur in der Kirche als Kanoniker bezeichnet werden, in der er betitelt wurde. Auch wenn nämlich ein einzelner aufgrund der Verfügungsgewalt des Bischofs verschiedenen Kirchen vorstehen kann, darf er doch Kanoniker oder Pfründeninhaber nur an einer einzigen Kirche sein, nämlich der, wo er eingeschrieben ist. Wenn trotzdem irgendwelche Kapellen vorhanden sind, mit deren Erträgen man den Lebensunterhalt der Kleriker nicht bestreiten kann, dann soll die Sorge und Verfügungsgewalt dem Vorsteher einer größeren Kirche zufallen, dem diese Kapellen offenkundig unterstehen, und dieser möge selbst sowohl für die Besitzungen als auch für die kirchlichen Dienste dieser Kapellen Sorge tragen.

Nr. 20

Kanonistische Kurzfassung des ersten der sogenannten „falschen Investiturprivilegien"[125]
(Ivo von Chartres, Panormia, Lib. VIII, c. 135)

Cap. CXXXV. *Der Kaiser besitzt das Recht, den Papst zu wählen.*
Aus der achten Synode, in der Kirchengeschichte
Der römische Papst Hadrian[126] forderte Karl[127] auf, zur Verteidigung der Besitzungen der Kirche zu schreiten. Als Karl aber nach Rom zog, besetzte er zunächst Pavia, ließ dort sein Heer zurück und wurde dann in Rom an heiligen Osterfest von Papst Hadrian ehrenvoll empfangen. Nachdem er im Anschluß an das heilige Osterfest nach Pavia zurückgekehrt war, nahm er zunächst König Desiderius[128] gefangen, zog daraufhin nach Rom zurück und eröffnete dort schließlich – zusammen mit Papst Hadrian – am Sitz des Lateranensischen Patriarchen, in der Kirche des heiligen Erlösers, eine Synode. Diese Synode wurde von insgesamt 153 gottesfürchtigen Bischöfen und Äbten gefeiert. Papst Hadrian aber übertrug zusammen mit der ganzen Synode Karl das Recht und die Vollmacht, den Papst zu wählen und auf diese Weise den apostolischen Stuhl zu besetzen. Zugleich konzedierte er ihm die

Nr. 21

Eadmer, Historia novorum in Anglia s. a. 1107,
edd. D. Whitelock / M. Brett / C. N. L. Brooke, Councils &
Synods with Other Documents Relating to the English Church Bd. I,
2 (Oxford 1981) Nr. 115, S. 692 f.

In kalendis ergo Augusti[130] conventus episcoporum, abbatum et procerum regni Lundonię in palatio regis factus est, et per tres continuos dies absente Anselmo[131] inter regem et episcopos satis actum de ęcclesiarum investituris, quibusdam ad hoc nitentibus ut rex eas faceret more patris et fratris sui, non iuxta preceptum et obędientiam apostolici. Nam papa in sententia quę exinde promulgata[132] fuerat firmus stans concesserat hominia quę Urbanus papa ęque ut investituras interdixerat[133], ac per hoc regem sibi de investituris consentaneum fecerat, ut ex epistola[134] quam supra descripsimus colligi potest. Dehinc praesente Anselmo, astante multitudine, annuit rex et statuit ut ab eo tempore in reliquum nunquam per dationem baculi pastoralis vel anuli quisquam episcopatu aut abbatia per regem vel quamlibet laicam manum in Anglia investiretur, concedente quoque Anselmo ut nullus in praelationem electus pro hominio quod regi faceret consecratione suscepti honoris privaretur.

---

[130] 1. August 1107.

[131] Erzbischof Anselm von Canterbury († 1109).

[132] Auf dem Laterankonzil von 1102. Vgl. U.-R. Blumenthal, The Early Councils of Pope Paschal II, 1100–1110 (Toronto 1978) S. 17–20.

[133] Vgl. dazu M. Minninger, Von Clermont zum Wormser Konkordat. Die Auseinandersetzungen um den Lehnsnexus zwischen König und Episkopat (Köln/Wien 1978) S. 84–89.

[134] Gemeint ist ein Schreiben, das Paschalis II. am 23. März 1106 an Anselm von Canterbury richtete. Die beste Ausgabe dieses Briefs ist: S. Anselmi Cantuarensis archiepiscopi Opera omnia, Bd. 5, ed. F. S. Schmitt, (Edinburgh 1951) Ep. 397, S. 341 f.

Würde des Patriziats[129] und bestimmte darüber hinaus, daß die Erzbischöfe sämtlicher Kirchenprovinzen von ihm die Investitur empfangen sollten sowie daß ein Bischof nur dann von irgendjemandem geweiht werden solle, wenn er vom König bestätigt und investiert werde; und er belegte jeden, der gegen dieses Dekret verstoße, mit der Fessel des Kirchenbannes und befahl, dessen Güter zu konfiszieren, wenn er nicht wieder zur Vernunft komme.

Nr. 21

Das sogenannte „Londoner Konkordat" von 1107
(Eadmer Historia novorum s. a. 1107)

Also wurde an den Kalenden des Augusts[130] in London am Hofe des Königs eine Versammlung der Bischöfe, Äbte und Großen des Reiches abgehalten. Und drei aufeinanderfolgende Tage lang wurde in Abwesenheit Anselms[131] zwischen dem König und den Bischöfen Rechenschaft abgelegt über die Investituren der Kirchen, wobei gewisse Leute den König dazu zu bewegen versuchten, diese (Investituren) weiterhin nach der Sitte seines Vaters und seines Bruders vorzunehmen und sich nicht um die Anweisung und das Gebot des Papstes zu kümmern. Obwohl der Papst nämlich in einem Synodalbeschluß[132], der damals sofort verkündet worden war, vollkommen unnachgiebig geblieben war, hatte er doch die Hominien zugestanden, die Papst Urban ebenso wie die Investituren verboten hatte[133], und er hatte sich dadurch mit dem König über die Investituren verständigt, wie man aus dem Brief[134], den wir oben beschrieben haben, ersehen kann. Hierauf versprach der König in Gegenwart Anselms und im Beisein einer Menge anderer Leute und setzte fest, daß fürderhin niemals jemand in England durch die Übergabe eines Stabes oder Ringes mit einem Bistum oder einer Abtei von seiten des Königs oder irgendeiner anderen Laienhand investiert werden solle; und im Gegenzug gestand Anselm zu, daß niemand, der für eine Prälatur gewählt worden sei, wegen der Mannschaft, die er dem König geleistet habe, der Weihe für das einmal empfangene Amt beraubt werden solle.

Nr. 22

Der Traktat „De investitura episcoporum" von 1109,
ed. J. Krimm-Beumann, in: DA 33 (1977) S. 77 f. (Auszug)

Nil enim refert[135], sive verbo, sive precepto, sive baculo, sive alia re,
quam in manu teneat, investiat aut intronizet rex et imperator episco-
pum, qui die consecrationis veniens anulum et baculum ponit super
altare et in curam pastoralem singula suscipit a stola et ab auctoritate
sancti Petri; sed congruum magis est per baculum, qui est duplex, id est
temporalis et spiritualis. *Operarius*[136] *enim* in seminandis spiritualibus
dignus est mercede sua in accipiendis temporalibus iuxta quod Paulus
ait[137]: *Si spiritualia vobis seminamus,* non *est magnum, si carnalia* – id
est temporalia – *a vobis metamus.* Precedens investitura per regem in
fundis et rebus ęcclesię contra tyrannos et raptores quieta et pacifica
reddit omnia; sequitur autem consecratio, ut bannus episcopalis banno
regali conveniens in communem salutem operetur; et si episcopis
faciendum est regibus hominium et sacramentum de regalibus, aptius est
ante consecrationem . . .

Nr. 23

Paschalis II. Privilegium primae conventionis,
ed. L. Weiland, in: MGH Const. 1, Nr. 90, S. 141 f.

Paschalis episcopus servus servorum Dei dilecto filio Heinrico
eiusque successoribus in perpetuum.   Et divine legis institutione
sanccitum est et sacratis canonibus interdictum, ne sacerdotes curis
secularibus occupentur, neve ad comitatum, nisi pro dampnatis eruendis

---

[135] Mit diesem Satz spielt der Traktat auf Yves de Chartres, Correspondance Bd. 1, éd.
et trad. par J. Leclercq, Les classiques de l'histoire de France au moyen âge (Paris 1949)
Nr. 60, S. 246 an.
[136] Vgl. Lk 10, 7.
[137] Vgl. 1 Kor 9, 11.

Nr. 22

Der Traktat „De investitura episcoporum" von 1109 (Auszug)

Es kommt nämlich nicht darauf an, ob der König und Kaiser mittels eines Wortes oder eines Befehls, eines Stabes oder irgendeiner anderen Sache, die er in der Hand halten mag, den Bischof investiert oder inthronisiert[135], da dieser ja am Tag der Weihe kommt, Ring und Stab auf den Altar legt und sie als Zeichen des Hirtenamtes von der Stola und der Autorität des seligen Petrus empfängt; passender ist allerdings die Einweisung mit dem Stab, der bekanntlich eine zweifache Bedeutung hat, d. h. ein weltliches und geistliches Symbol ist. Der Arbeiter nämlich ist im Hinblick auf die geistlichen Güter, die ausgesät werden müssen, seines Lohnes wert[136], wenn er weltliche Güter (Temporalien) zu empfangen hat, dann geschieht dies gemäß dem, was Paulus sagt: „Wenn wir die geistlichen Güter bei Euch aussäen, dann ist es keine große Sache, wenn wir Fleischliches" – d. h. die Temporalien – „von Euch ernten"[137]. Die vorausgehende Investitur durch den König mit dem Grundbesitz und dem Vermögen der Kirche verschafft Ruhe und Frieden gegenüber Tyrannen und Räubern; dann aber folgt die Weihe, damit der bischöfliche Bann sich im Verein mit dem Königsbann zum gemeinsamen Heil auswirkt; und wenn die Bischöfe wegen der Regalien den Königen Mannschaft und Treueid leisten müssen, dann geschieht dies besser vor der Weihe...

Nr. 23

Privileg Paschalis' II. vom 12. Februar 1111

Bischof Paschalis, Knecht der Knechte Gottes, an seinen geliebten Sohn Heinrich und dessen Nachfolger auf immer.

Sowohl durch die Vorschrift des göttlichen Gesetzes ist angeordnet als auch durch die geheiligten Kanones verboten, daß Priester sich mit weltlichen Aufgaben beschäftigen oder das Grafenamt übernehmen, es sei denn zur Befreiung von Verdammten oder für andere, die Unrecht erleiden. Daher sagt auch der Apostel Paulus: „Wenn Ihr weltliche Gerichtssitzungen abhaltet, dann setzt jene zu Richtern ein, die verach-

aut pro aliis qui iniuriam patiuntur, accedant. Unde et apostolus Paulus: ,Secularia, inquit, iudicia si habueritis, contemptibiles qui sunt in ecclesia, illos constituite ad iudicandum'[138]. In regni autem vestri partibus episcopi vel abbates adeo curis secularibus occupantur, ut comitatum assidue frequentare et militiam exercere cogantur. Que nimirum aut vix aut nullomodo sine rapinis, sacrilegiis, incendiis aut homicidiis exhibentur. Ministri enim altaris ministri curie facti sunt, quia civitates, ducatus, marchias, monetas, curtes et cetera ad regni servitium pertinentia a regibus acceperunt. Unde etiam mos inolevit ecclesiae intollerabilis, ut episcopi electi nullomodo consecrationem acciperent, nisi prius per manum regiam investirentur. Qua ex causa et symoniace heresis pravitas et ambitio nonnunquam tanta prevaluit, ut nulla electione premissa episcopales cathedre invaderentur. Aliquando etiam vivis episcopis investiti sunt. His et aliis plurimis malis, que per investituras plerumque contigerant, predecessores nostri Gregorius VII., Urbanus II. felicis memorie pontifices excitati, collectis frequenter episcopalibus conciliis, investituras illas manus laice dampnaverunt, et qui per eas obtinuissent ecclesias deponendos, donatores quoque communione privandos esse censuerunt; iuxta illut apostolicorum canonum capitulum[139] quod ita se habet: ,Si quis episcopus seculi potestatibus usus ecclesiam per ipsos obtineat, deponatur et segregetur, omnesque qui illi communicant'. Quorum vestigia subsequentes, et nos eorum sententiam episcopali concilio confirmavimus. Tibi itaque, fili karissime rex Heinrice et nunc per officium nostrum Dei gratia Romanorum imperator, et regno regalia illa dimittenda precipimus, que ad regnum manifeste pertinebant tempore Karoli[140], Ludewici[141], Heinrici[142] et ceterorum predecessorum tuorum. Interdicimus etiam et

---

[138] Vgl. 1 Kor 6, 4.

[139] Vgl. Can. apost. 31, ed. C. H. Turner, Ecclesiae Occidentalis Monumenta Iuris Antiquissima I, 1 (Oxford 1899) S. 20 f. Zur weiten Verbreitung dieses Rechtssatzes siehe zuletzt R. Schieffer, Die Entstehung des päpstlichen Investiturverbots für den deutschen König (Stuttgart 1981) S. 35 f.

[140] Karl der Große († 814).

[141] Ludwig der Fromme († 840).

[142] Heinrich II. († 1024).

tenswert sind in der Kirche"[138]. In den Regionen Eures Reiches aber sind Bischöfe und Äbte so sehr mit weltlichen Sorgen beschäftigt, daß sie gezwungenermaßen fast ständig das Grafenamt wahrnehmen und Kriegsdienst ausüben. Dies kann aber in der Tat kaum oder gar nicht ohne Raubzüge, Sakrilege, Brandschatzung oder Morde abgehen. Denn die Diener des Altares sind zu Dienern des Hofes geworden, weil sie von den Königen Städte, Herzogtümer, Markgrafschaften, Münzrechte, Reichshöfe und sonstige Dinge, die zum Dienst am Reich gehören, empfangen haben. Deshalb bildete sich auch die für die Kirche unerträgliche Gewohnheit heraus, daß gewählte Bischöfe nur dann die Weihe empfingen, wenn sie zuvor durch die Hand des Königs investiert wurden. Aus diesem Grund auch standen oft die Schändlichkeit der simonistischen Häresie und die Amtserschleichung in so großer Blüte, daß Bischofsstühle ohne irgendeine vorangegangene Wahl in Besitz genommen wurden. Manchmal sind sogar noch zu Lebzeiten der Bischöfe deren Nachfolger investiert worden.

Angestachelt durch diese und andere Übel, die durch die Investituren sehr oft hervorgerufen wurden, haben unsere Vorgänger – die Päpste Gregor VII. und Urban II. seligen Angedenkens – auf häufig einberufenen Bischofsversammlungen jene Investituren von Laienhand verdammt und entschieden, daß jene ihres Amtes zu entheben seien, die ihre Kirche durch diese (Investituren) erlangt hätten, die Schenker aber auch der Kommunion zu berauben seien, entsprechend jenem Kapitel der Apostolischen Kanones, das folgenden Wortlaut hat: „Wenn irgendein Bischof mit Hilfe der weltlichen Mächte durch dieselben eine Kirche erlangt, dann soll er abgesetzt und aus der Kirche ausgeschlossen werden, zugleich aber auch alle, die mit ihm Gemeinschaft haben."[139] Ihren Spuren folgend, haben auch wir ihren Urteilsspruch auf einer Bischofssynode bekräftigt.

Daher befehlen wir, daß Dir, überaus geliebter Sohn Heinrich, König und nun – durch unser Amt – von Gottes Gnaden Kaiser der Römer, sowie dem Reich all jene Regalien überlassen werden sollen, die offensichtlich zum Reich gehörten in der Zeit Karls[140], Ludwigs[141], Heinrichs[142] und Deiner übrigen Vorgänger. Wir untersagen zugleich und verbieten unter Verhängung der Strafe des Anathems, daß irgendeiner von den Bischöfen oder Äbten, sei es ein gegenwärtig amtierender oder ein künftiger, sich dieselben Regalien aneignet: d. h. die Städte,

subdistrictione anathematis prohibemus, ne quis episcoporum seu abbatum, presentium vel futurorum, eadem regalia invadant, id est civitates, ducatus, marchias, comitatus, monetas, teloneum, mercatum, advocatias regni, iura centurionum et curtes que manifeste regni erant, cum pertinentiis suis, militiam et castra regni, nec se deinceps nisi per gratiam regis de ipsis regalibus intromittant. Set nec posteris nostris liceat, qui post nos in apostolica sede successerint, te aut regnum super hoc inquiatęre negotio. Porro ecclesias cum oblationibus et hereditariis possessionibus, que ad regnum manifeste non pertinebant, liberas manere decernimus, sicut in die coronationis tuae omnipotenti Domino in conspectu totius ecclesiae promisisti. Oportet enim episcopos curis secularibus expeditos curam suorum agere populorum nec ecclesiis suis abesse diutius. Ipsi enim iuxta apostolum Paulum[143] pervigilant, tamquam rationem pro animabus eorum reddituri.

Nr. 24

Hessonis scholastici relatio de concilio Remensi,
ed. W. Wattenbach, in: MGH L. d. l. 3, S. 23 f. (Ausgleichsversuch des Jahres 1119)

Scriptum autem concordiae hoc fuit: *Ego H.*[144] *Dei gratia Romanorum imperator augustus pro amore Dei et beati Petri et domni papae Calixti*[145] *dimitto omnem investituram omnium ęcclesiarum, et do veram pacem omnibus, qui, ex quo discordia ista coepit, pro ęcclesia in werra fuerunt vel sunt. Possessiones autem ęcclesiarum et omnium, qui pro ęcclesia laboraverunt, quas habeo, reddo; quas autem non habeo, ut rehabeant, fideliter adiuvabo. Quodsi quaestio inde emerserit, quae ęcclesiastica sunt, canonico, quae autem saecularia sunt, saeculari terminentur iudicio:*

---

[143] Vgl. Hebr 13, 17.
[144] Heinrich V. († 1125).
[145] Calixt II. († 1124).

Herzogtümer, Markgrafschaften, Grafschaften, Münzen, Zölle, Marktrechte, Vogteien des Reiches, Zentgerechtsame und Höfe, die offensichtlich Eigentum des Reiches waren, mit allem, was dazu gehört, Heer und Burgen des Reiches; und sie sollen sich fürderhin bezüglich selbiger Regalien nicht einmischen, es sei denn infolge der Gnade des Königs. Aber auch unseren Nachfolgern, die uns auf dem apostolischen Stuhl folgen, soll es nicht gestattet sein, Dich oder das Reich wegen dieser Angelegenheit zu behelligen.

Gleichwohl entscheiden wir, daß die Kirchen mitsamt ihren Oblationen und erblichen Besitzungen, die offensichtlich nicht zum Reich gehörten, frei bleiben sollen, so wie Du es an Deinem Krönungstag dem allmächtigen Herrn im Angesicht der ganzen Kirche versprochen hast. Es gehört sich nämlich, daß die Bischöfe der Sorge für ihre Gemeinden, entbunden von weltlichen Aufgaben, nachgehen und von ihren Kirchen nicht länger getrennt sind. Sie selbst nämlich sind entsprechend dem Wort des Apostels Paulus stets wachsam, genau wie sie ständig im Begriff stehen, Rechenschaft für deren Seelen abzulegen[143].

Nr. 24

Hesso Scholasticus, Bericht über das Reimser Konzil
(Ausgleichsversuch des Jahres 1119)

Der Vertragstext aber lautete folgendermaßen: *Ich H.(einrich)*[144], *von Gottes Gnaden erhabener Kaiser der Römer, verzichte aus Liebe zu Gott, zum seligen Petrus und zum Herrn Papst Calixt*[145] *auf die gesamte Investitur aller Kirchen, und ich gebe wahren Frieden allen, die seit Ausbruch dieses Streites in der Auseinandersetzung für die Kirche eingetreten sind oder eintreten. Ich gebe aber die Besitzungen der Kirchen und aller Menschen, die sich für die Kirche eingesetzt haben, zurück, sofern ich sie (in meine Hand gebracht) habe. Sofern ich diese nicht besitze, werde ich getreulich helfen, daß sie sie zurückerhalten. Wenn sich aber hieraus irgendeine Streitfrage ergeben sollte, dann sollen die Fragen, die kirchlich sind, durch ein kanonisches Gericht, die Fragen aber, die weltlich sind, durch ein weltliches Gericht entschieden werden:*

Item scriptum domni papae:

Ego Calixtus secundus Dei gratia Romanae ęcclesiae episcopus catholicus do veram pacem H. Romanorum imperatori augusto et omnibus, qui pro eo contra ęcclesiam fuerunt vel sunt. Possessiones eorum, quas pro werra ista perdiderunt, quas habeo, reddo; quas non habeo, ut rehabeant, fideliter adiuvabo. Quodsi quaestio inde emerserit, quae ęcclesiastica sunt, canonico, quae autem saecularia sunt, saeculari terminentur iudicio.

Nr. 25

Das Wormser Konkordat vom 23. September 1122,
ed. L. Weiland, in: MGH Const. 1, Nr. 107, S. 159 f. (Privilegium
imperatoris) und ed. A. Hofmeister, Das Wormser Konkordat. Zum
Streit um seine Bedeutung, in: Forschungen und Versuche zur
Geschichte des Mittelalters und der Neuzeit. Festschrift D. Schäfer
(Jena 1915) S. 147 (Privilegium pontificis)

PRIVILEGIUM IMPERATORIS

In nomine sanctę et individuę Trinitatis. Ego Heinricus Dei gratia Romanorum imperator augustus pro amore Dei et sanctę Romanę ęcclesię et domini papę Calixti et pro remedio animę meę dimitto Deo et sanctis Dei apostolis Petro et Paulo sanctęque catholicę ęcclesię omnem investituram per anulum et baculum, et concedo in omnibus ęcclesiis, quę in regno vel imperio meo sunt, canonicam fieri electionem et liberam consecrationem. (2) Possessiones et regalia beati Petri, quę a principio huius discordię usque ad hodiernam diem sive tempore patris mei sive etiam meo ablata sunt, quę habeo, eidem sanctę Romanę ecclesię restituo, quę autem non habeo, ut restituantur fideliter iuvabo. (3) Possessiones etiam aliarum omnium ęcclesiarum et principum et aliorum tam clericorum quam laicorum, quę in werra ista amissę sunt, consilio principum vel iusticia, quę habeo, reddam, quę non habeo, ut reddantur fideliter iuvabo. (4) Et do veram pacem domino papę Calixto sanctęque Romanę ęcclesię et omnibus qui in parte ipsius sunt vel

Ebenso (lautete) das Schreiben des Herrn Papstes:
Ich, Calixt II., von Gottes Gnaden katholischer Bischof der römischen Kirche, gebe H.(einrich), dem erhabenen Kaiser der Römer, und allen, die für ihn gegen die Kirche eingetreten sind oder eintreten, wahren Frieden. Deren Besitzungen, die sie wegen dieses Streites verloren haben, gebe ich zurück, soweit ich sie habe; sofern ich sie nicht besitze, werde ich getreulich helfen, daß sie sie zurückerhalten. Wenn aber hieraus irgendeine Streitfrage erwachsen sollte, dann sollen die Fragen, die kirchlich sind, durch ein kanonisches Gericht, die Fragen aber, die weltlich sind, durch ein weltliches Gericht entschieden werden.

Nr. 25

Das Wormser Konkordat vom 23. September 1122

DAS PRIVILEG DES KAISERS

Im Namen der heiligen und unteilbaren Dreifaltigkeit. Ich, Heinrich, von Gottes Gnaden erhabener Kaiser der Römer, überlasse Gott, Gottes heiligen Aposteln Petrus und Paulus und der heiligen katholischen Kirche – aus Liebe zu Gott, zur heiligen römischen Kirche und zum Herrn Papst Calixt sowie zum Heil meiner Seele – jede Investitur mit Ring und Stab, und ich gestehe zu, daß in allen Kirchen, die in meinem König- oder Kaiserreich liegen, eine kanonische Wahl und eine freie Weihe stattfinden. Die Besitzungen und Regalien des seligen Petrus, die vom Beginn dieses Streites bis auf den heutigen Tag – sei es zur Zeit meines Vaters oder sei es auch zu meiner Zeit – abhanden gekommen sind, erstatte ich der heiligen römischen Kirche zurück, sofern ich sie (in meiner Gewalt) habe; sofern ich diese aber nicht besitze, werde ich getreulich helfen, daß sie zurückerstattet werden. Auch die Besitzungen aller anderen Kirchen, die von Fürsten und die von sonstigen Personen, die von Klerikern ebenso wie die von Laien,

fuerunt. (5) Et in quibus sancta Romana ęcclesia auxilium postulaverit, fideliter iuvabo et, de quibus mihi fecerit querimoniam, debitam sibi faciam iusticiam. Hęc omnia acta sunt consensu et consilio principum quorum nomina subscripta sunt: Adelbertus[146] archiepiscopus Mogontinus, F.[147] Coloniensis archiepiscopus, H.[148] Ratisbonensis episcopus, O.[149] Bauenbergensis episcopus, B.[150] Spirensis episcopus, H.[151] Augustensis, G.[152] Traiectensis, O.[153] Constanciensis, E.[154] abbas Wldensis, Heinricus[155] dux, Fridericus[156] dux, S.[157] dux, Pertolfus[158] dux, marchio Teipoldvs[159], marchio Engelbertus[160], Godefridus[161] Palatinus, Otto[162] Palatinus comes, Beringarius[163] comes. + Ego Fridericvs Coloniensis archiepiscopus et archicancellarius recognovi.

PRIVILEGIUM PONTIFICIS

(1) Ego Calixtus episcopus servus servorum Dei tibi dilecto filio H.[164] Dei gratia Romanorum imperatori augusto concedo electiones episcoporum et abbatum Teutonici regni, qui ad regnum pertinent, in praesentia tua fieri, absque simonia et aliqua violentia; (2) ut si qua inter partes discordia emerserit, metropolitani et comprovincialium consilio vel iudicio saniori parti assensum et auxilium praebeas. (3) Electus

---

[146] Adalbert von Mainz († 1137).
[147] Friedrich von Köln († 1131).
[148] Hartwig von Regensburg († 1126).
[149] Otto von Bamberg († 1139).
[150] Bruno von Speyer († 1123).
[151] Hermann von Augsburg († 1133).
[152] Godebald von Utrecht († 1127).
[153] Ulrich von Konstanz († 1127).
[154] Erlolf von Fulda († 1122).
[155] Heinrich der Schwarze, Herzog von Bayern († 1126).
[156] Friedrich II., Herzog von Schwaben († 1147).
[157] Simon I., Herzog von Oberlothringen († 1139).
[158] Berthold III. von Zähringen († 1122).
[159] Diepold III. von Vohburg, Markgraf im bayerischen Nordgau († 1146).
[160] Engelbert von Sponheim, Markgraf von Istrien und Herzog von Kärnten († 1141).
[161] Gottfried von Calw († um 1133).
[162] Otto von Wittelsbach, bayerischer Pfalzgraf († 1156).
[163] Berengar I., Graf von Sulzach († 1125).
[164] Heinrich V. († 1125).

werde ich auf den Rat der Fürsten und aus Gerechtigkeit zurückgeben, sofern sie in diesem Streit verloren gegangen sind und ich sie (in meiner Hand) habe; sofern ich sie nicht besitze, werde ich getreulich helfen, daß sie zurückgegeben werden. Und ich gebe wahren Frieden dem Herrn Papst Calixt, der heiligen römischen Kirche und allen, die auf seiner Seite sind oder gewesen sind. Und in all den Angelegenheiten, in denen die heilige römische Kirche Beistand fordern wird, werde ich getreulich helfen, und ich werde ihr im Hinblick auf die Dinge, über die sie bei mir Klage führen wird, die ihr zustehende Gerechtigkeit verschaffen.

All dies wurde ausgehandelt mit der Zustimmung und dem Rat der Fürsten, deren Namen unterhalb aufgeschrieben sind: Adalbert[146], Erzbischof von Mainz, F.(riedrich)[147], Erzbischof von Köln, H.(artwig)[148], Bischof von Regensburg, O.(tto)[149], Bischof von Bamberg, B.(runo)[150], Bischof von Speyer, H.(ermann)[151] von Augsburg, G.(odebald)[152] von Utrecht, U.(lrich)[153] von Konstanz, E.(rlolf)[154], Abt von Fulda, Heinrich[155], Herzog, Friedrich[156], Herzog, S.(imon)[157], Herzog, Berthold[158], Herzog, Markgraf Diepold[159], Markgraf Engelbert[160], Gottfried[161], Pfalzgraf, Otto[162], Pfalzgraf, Berengar[163], Graf. + Ich Friedrich, Erzbischof von Köln und Erzkanzler habe wiedererkannt.

DAS PRIVILEG DES PAPSTES

Ich, Bischof Calixt, Knecht der Knechte Gottes, konzediere Dir, geliebter Sohn H.(einrich)[164], von Gottes Gnaden erhabener Kaiser der Römer, daß die Wahlen der Bischöfe und Äbte des deutschen Reiches in Deiner Gegenwart stattfinden, sofern diese zum Reich gehören, und zwar ohne Simonie und irgendwelche Gewalt, damit Du, wenn unter den Parteien irgendwelche Zwietracht entstehen sollte, gemäß dem Rat und Urteil des Metropoliten und der Konprovinzialen dem gesünderen Teil Hilfe und Beistand gewährst. Der Gewählte aber soll von Dir durch das Zepter die Regalien entgegennehmen, und er soll das leisten, was er Dir wegen dieser (Regalien) rechtmäßig schuldet. In den anderen Gebieten des Kaiserreiches soll der Geweihte innerhalb von sechs Monaten von Dir die Regalien durch das Zepter empfangen und das leisten, was er Dir wegen dieser (Regalien) rechtmäßig schuldet; dabei bleiben jedoch ausgenommen alle (Gebiete?), die offensichtlich zur römischen Kirche gehören. Im Hinblick auf die Dinge aber, deretwegen

autem regalia per sceptrum a te recipiat et, quae ex his iure tibi debet, faciat. (4) Ex aliis vero partibus imperii consecratus infra sex menses regalia per sceptrum a te recipiat et, quae ex his iure tibi debet, faciat; exceptis omnibus, quae ad Romanam ecclesiam pertinere noscuntur. (5) De quibus vero mihi querimoniam feceris et auxilium postulaveris, secundum officii mei debitum auxilium tibi praestabo. (6) Do tibi veram pacem et omnibus, qui in parte tua sunt vel fuerunt tempore huius discordiae.

Du bei mir Klage führen und Beistand fordern wirst, werde ich Dir – gemäß der Schuldigkeit meines Amtes – Hilfe gewähren. Ich gebe Dir wahren Frieden und allen, die zur Zeit dieses Zwistes auf Deiner Seite sind oder gewesen sind.

LITERATURHINWEISE

Die folgende Spezialbibliographie soll dem Leser einen raschen Einstieg in die heutige Forschungsdiskussion um den Investiturstreit und die gregorianische Reform ermöglichen. Sie versteht sich in erster Linie als Hilfsmittel für die Lektüre und Interpretation der in diesem Band zusammengestellten Quellentexte, bietet jedoch zugleich eine Fülle von weiterführenden Literaturhinweisen.

Handbücher und übergreifende Darstellungen:

Blumenthal, U.-R., Der Investiturstreit (Stuttgart/Berlin/Köln/Mainz 1982)

Boshof, E., Die Salier (Stuttgart/Berlin/Köln/Mainz 1987)

Capitani, O., L'Italia medievale nei secoli di travasso. La riforma della chiesa (1012–1122) (Bologna 1984)

Feine, H. E., Kirchliche Rechtsgeschichte. Die katholische Kirche (Köln/Wien [5]1972)

Fliche, A., La réforme grégorienne, 3 Bde. (Louvain/Paris 1924/26/37, Nachdruck: Genf 1978)

Fuhrmann, H., Deutsche Geschichte im hohen Mittelalter (Göttingen 1978)

Gebhardt, Handbuch der deutschen Geschichte. 9. Auflage, hrsg. v. H. Grundmann, Bd. 1 (Stuttgart 1970)

Haller, J., Das Papsttum. Idee und Wirklichkeit, Bd. 2: Der Aufbau (Basel [2]1951)

Handbuch der europäischen Geschichte, hrsg. v. Th. Schieder, Bd. 1 und 2 (Stuttgart 1976/87)

Handbuch der Kirchengeschichte, hrsg. v. H. Jedin, Bd. III, 1 (Freiburg i. Br./Basel/ Wien 1966, Nachdruck 1987)

Hauck, A., Kirchengeschichte Deutschlands, Bd. 3 (Leipzig [3.4]1906)

Haverkamp, A., Aufbruch und Gestaltung. Deutschland 1046–1273 (München 1984)

Jakobs, H., Kirchenreform und Hochmittelalter 1046–1215 (München/Wien 1984)

Keller, H., Zwischen regionaler Begrenzung und universalem Horizont. Deutschland im Imperium der Salier und Staufer 1024 bis 1250 (Berlin 1986)

Meyer von Knonau, G., Jahrbücher des deutschen Reiches unter Heinrich IV. und Heinrich V., 7 Bde. (Leipzig 1890–1909)

Steindorff, E., Jahrbücher des Deutschen Reiches unter Heinrich III., 2 Bde. (Leipzig 1874/81)

Tellenbach, G., Libertas. Kirche und Weltordnung im Zeitalter des Investiturstreites (Stuttgart 1936)

Ders., Die westliche Kirche vom 10. bis zum frühen 12. Jahrhundert (Göttingen 1988)
Waitz, G., Deutsche Verfassungsgeschichte, Bd. 6 (Berlin ²1896) und Bd. 7 (Kiel 1876)
Werminghoff, A., Verfassungsgeschichte der deutschen Kirche im Mittelalter (Leipzig/ Berlin ²1913)
Zimmermann, H., Das Mittelalter, Bd. 1 (Braunschweig 1975)

1. Die Auseinandersetzung um die Investitur:

Allgemeines:

Becker, A., Studien zum Investiturproblem in Frankreich. Papsttum, Königtum und Episkopat im Zeitalter der gregorianischen Kirchenreform (1049–1119) (Saarbrücken 1955)

Benson, R. L., The Bishop-Elect. A Study in Medieval Ecclesiastical Office (Princeton N. J. 1968)

Brooke, Z. N., Lay Investiture and its Relation to the Conflict of Empire and Papacy, in: Proceedings of the British Academy 25 (1939) S. 217–247

Fauser, A., Die Publizisten des Investiturstreites. Persönlichkeiten und Ideen (Würzburg 1935)

Feierabend, H., Die politische Stellung der Reichsabteien während des Investiturstreites (Breslau 1913, Nachdruck: Aalen 1971)

Fleckenstein, J., Die Hofkapelle der deutschen Könige, Bd. 2: Die Hofkapelle im Rahmen der ottonisch-salischen Reichskirche (Stuttgart 1966)

Fliche, A., La querelle des investitures (Paris 1946)

Fuhrmann, H., Einfluß und Verbreitung der pseudo-isidorischen Fälschungen, 3 Bde. (Stuttgart 1972–74)

Ganahl, K.-H., Studien zur Geschichte des kirchlichen Verfassungsrechts im X. und XI. Jahrhundert (Innsbruck/Wien/München 1935)

Imbart de la Tour, P., Les élections épiscopales dans l'église de France du IXᵉ au XIIᵉ siècle. Etude sur la décadence du principe électif (814–1150) (Paris 1891)

The Investiture Controversy: Issues, Ideals and Results, hrsg. v. K. F. Morrison (London/New York 1971)

Investiturstreit und Reichsverfassung, hrsg. v. J. Fleckenstein (Sigmaringen 1973)

Kaiser, R., Bischofsherrschaft und Fürstenmacht (Bonn 1981)

Kallen, G., Der Investiturstreit als Kampf zwischen germanischem und romanischem Denken, in: Jahrbuch des Kölnischen Geschichtsvereins 19 (1937) S. 89–110

Kölmel, W., Regimen Christianum. Weg und Ergebnisse des Gewaltenverhältnisses und des Gewaltenverständnisses (8.–14. Jahrhundert) (Berlin 1970)

Kupper, J.-L., Liège et l'église imperiale. XIᵉ et XIIᵉ siècles (Paris 1981)

Labhardt, V., Zur Rechtssymbolik des Bischofsrings (Köln/Graz 1963)

Laudage, J., Priesterbild und Reformpapsttum im 11. Jahrhundert (Köln/Wien 1984)

Leyer, K. J., Medieval Germany and its Neighbours 900–1250 (London 1982)

Mirbt, C., Die Publizistik im Zeitalter Gregors VII. (Leipzig 1894)

Müller-Mertens, E., Regnum Teutonicum. Aufkommen und Verbreitung der deutschen Reichs- und Königsauffassung im frühen Mittelalter (Wien/Köln/Graz 1970)

Scharnagl, A., Der Begriff der Investitur in den Quellen und der Literatur des Investiturstreites (Stuttgart 1908)

Schieffer, R., Die Entstehung des päpstlichen Investiturverbots für den deutschen König (Stuttgart 1981)

Schmid, P., Der Begriff der kanonischen Wahl in den Anfängen des Investiturstreits (Stuttgart 1926)

Schwartz, G., Die Besetzung der Bistümer Reichsitaliens unter den sächsischen und salischen Kaisern mit den Listen der Bischöfe 951–1122 (Leipzig/Berlin 1913)

Schwarz, W., Der Investiturstreit in Frankreich, in: ZKG 42 (1923) S. 255–328 und in: ZKG 43 (1924) S. 92–150

Städtler, L., Das Recht der königlichen Investitur in der Literatur des Investiturstreites (Diss. theol. Graz 1952)

Szabó-Bechstein, B., Libertas Ecclesiae. Ein Schlüsselbegriff des Investiturstreits und seine Vorgeschichte. 4.–11. Jahrhundert (Rom 1985)

Zielinski, H., Der Reichsepiskopat in spätottonischer und salischer Zeit (1002–1125), Teil 1 (Wiesbaden 1984)

Die historischen Voraussetzungen:

Amann, E. /Dumas, A., L'église au pouvoir des laïques (888–1057) (Paris 1942)

Barlow, F., The English Church 1000–1066 (London/New York [2]1979)

Brühl, C., Fodrum, gistum, servitium regis, 2 Bde. (Köln/Graz 1968)

Fleckenstein, J., Zum Begriff der ottonisch-salischen Reichskirche, in: Geschichte, Wirtschaft, Gesellschaft. Festschrift für Cl. Bauer (Berlin 1974) S. 61–71

Ders., Problematik und Gestalt der ottonisch-salischen Reichskirche, in: Reich und Kirche vor dem Investiturstreit, hrsg. v. K. Schmid (Sigmaringen 1985) S. 83–98

Gerdes, H., Die Bischofswahlen in Deutschland unter Otto dem Großen in den Jahren 953 bis 973 (Diss. phil. Göttingen 1878)

Köhler, O., Die Ottonische Reichskirche. Ein Forschungsbericht, in: Adel und Kirche, hrsg. v. J. Fleckenstein/K. Schmid (Freiburg i. Br./Basel/Wien 1968) S. 141–204

Laehns, E., Die Bischofswahlen in Deutschland von 936–1056 unter besonderer Berücksichtigung der königlichen Wahlprivilegien und der Teilnahme des Laienelementes (Diss. phil. Greifswald 1909)

Metz, W., Das Servitium regis. Zur Erforschung der wirtschaftlichen Grundlagen des hochmittelalterlichen deutschen Königtums (Darmstadt 1978)

Pauler, R., Das Regnum Italiae in ottonischer Zeit (Tübingen 1982)

Reuter, T., The „Imperial Church System" of the Ottonian and Salian Rulers: a Reconsideration, in: JEH 33 (1982) S. 347–374

Santifaller, L., Zur Geschichte des ottonisch-salischen Reichskirchensystems (Graz/ Wien/Köln [2]1964)

Schramm, P. E., Kaiser, Rom und Renovatio, 2 Bde. (Bd. 1: Darmstadt [4]1984; Bd. 2: Leipzig 1929)

Staats, R., Theologie der Reichskrone (Stuttgart 1976)

Stutz, U., Die Eigenkirche als Element des mittelalterlich-germanischen Kirchenrechts (Berlin 1895)

Ders., Geschichte des kirchlichen Benefizialwesens von seinen Anfängen bis auf die Zeit Alexanders III., Bd. I, 1 (Berlin 1895)

Weinfurter, St., Sancta Aureatensis Ecclesia. Zur Geschichte Eichstätts in ottonisch-salischer Zeit, in: ZBLG 49 (1986) S. 30–40

Ders., Die Zentralisierung der Herrschaftsgewalt im Reich unter Kaiser Heinrich II., in: HJb 106 (1986) S. 241–297

Weise, G., Königtum und Bischofswahl im fränkischen und deutschen Reich vor dem Investiturstreit (Berlin 1912)

Die ersten Reformbestrebungen:

Anton, H. H., Der sogenannte Traktat „De ordinando pontifice". Ein Rechtsgutachten in Zusammenhang mit der Synode von Sutri (1046) (Bonn 1982)

Boshof, E., Lothringen, Frankreich und das Reich in der Regierungszeit Heinrichs III., in: RhVjbl 42 (1978) S. 63–127

Ders., Das Reich in der Krise. Überlegungen zum Regierungsausgang Heinrichs III., in: HZ 228 (1979) S. 265–287

Cauchie, A., La querelle des investitures dans les diocèses de Liège et de Cambrai, 2 Bde. (Louvain 1890/91)

Funk, Ph., Pseudo-Isidor gegen Heinrichs III. Kirchenhoheit, in: HJb 56 (1936) S. 305–330

Hoerschelmann, E., Bischof Wazo von Lüttich und seine Bedeutung für den Beginn des Investiturstreites (Düsseldorf 1955)

Hoffmann, H., Von Cluny zum Investiturstreit, in: AKG 45 (1963) S. 165–209; mit einem Nachtrag aus dem Jahr 1974 auch in: Cluny. Beiträge zu Gestalt und Wirkung der cluniazensischen Reform, hrsg. v. H. Richter (Darmstadt 1975) S. 319–370

Huysmans, R., Wazo van Luik in den ideenstrijd zijner dagen (Nimwegen/Utrecht 1932)

Koyen, M. H., De prae-gregoriaanse hervorming te Kamerijk (1012–1067) (Tongerloo 1953)

Kromayer, H., Über die Vorgänge in Rom im Jahre 1045 und die Synode von Sutri 1046, in: Historische Vierteljahresschrift 10 (1907) S. 161–195

Pelster, F., Der Traktat „De ordinando pontifice" und sein Verfasser Humbert von Moyenmoutier, in: HJb 61 (1941) S. 88–115

Schieffer, Th., Ein deutscher Bischof des 11. Jahrhunderts: Gerhard I. von Cambrai (1012–1051), in: DA 1 (1937) S. 323–360

Schieffer, Th., Kaiser Heinrich III., in: Die großen Deutschen, Bd. 1 (Berlin 1956) S. 52–69

Schmale, F.-J., Die „Absetzung" Gregors VI. in Sutri und die synodale Tradition, in: AHC 11 (1979) S. 55–103

Sproemberg, H., Gerhard I., Bischof von Cambrai (1012–1051), in: Mittelalter und demokratische Geschichtsschreibung = Forschungen zur mittelalterlichen Geschichte Bd. 18 (Berlin 1971) S. 103–118

Die Epoche der ersten Reformpäpste:

Beyer, K., Die Bischofs- und Abtswahlen in Deutschland unter Heinrich IV. in den Jahren 1056–1076 (Halle 1881)

Blumenthal, U.-R., Ein neuer Text für das Reimser Konzil Leos IX. (1049)?, in: DA 32 (1976) S. 23–48

Borino, G. B., L'arcidiaconato di Ildebrando, in: Stud Greg 3 (1948) S. 463–516

Ders., L'investitura laica dal decreto di Nicolò II al decreto di Gregorio VII, in: Stud Greg 5 (1956) S. 345–359

Ders., Il monacato e l'investitura di Anselmo vescovo di Lucca, in: Stud Greg 5 (1956) S. 361–374

Dressler, F., Petrus Damiani. Leben und Werk (Rom 1954)

Feine, H. E., Kirchenreform und Niederkirchenwesen. Rechtsgeschichtliche Beiträge zur Reformfrage vornehmlich im Bistum Lucca im 11. Jahrhundert, in: Stud Greg 2 (1947) S. 505–514

Gilchrist, J., Cardinal Humbert of Silva Candida, the Canon Law and Ecclesiastical Reform in the Eleventh Century, in: ZRG KA 58 (1972) S. 338–349

Halfmann, H., Cardinal Humbert, sein Leben und seine Werke mit besonderer Berücksichtigung seines Traktates: „Libri tres adversus Simoniacos" (Göttingen 1883)

Heinemeyer, W., Zur Gründung des Bistums Gurk in Kärnten, in: Historische Forschungen für W. Schlesinger, hrsg. v. H. Beumann (Köln/Wien 1974) S. 495–513

Hoesch, H., Die kanonischen Quellen im Werk Humberts von Moyenmoutier. Ein Beitrag zur Geschichte der vorgregorianischen Reform (Köln/Wien 1970)

Krause, H.-G., Über den Verfasser der Vita Leonis IX papae, in: DA 32 (1976) S. 49–85

Kühn, L., Petrus Damiani und seine Anschauungen über Staat und Kirche (Karlsruhe 1913)

Laqua, H.-P., Traditionen und Leitbilder bei dem Ravennater Reformer Petrus Damiani. 1042–1052 (München 1976)

De' Maria, O., The Ecclesiastical and the Civil Power in St Peter Damiani (Rom 1964)

Michel, A., Humbert und Hildebrand bei Nikolaus II., in: HJb 72 (1953) S. 133–161

Ders., Die folgenschweren Ideen des Kardinals Humbert und ihr Einfluß auf Gregor VII., in: Stud Greg 1 (1947) S. 65–92

Robison, E. G., Humberti Cardinalis Libri Tres Adversus Simoniacos. A Critical Edition with an Introductory Essay and Notes (Diss. phil. Princeton N. J. 1972)

Ryan, J. J., Saint Peter Damiani and his Canonical Sources. A Preliminary Study in the Antecedents of the Gregorian Reform (Toronto 1956)

Schmeidler, B./Schwartz, G., Kleine Studien zu den Viten des Bischofs Anselm und zur Geschichte des Investiturstreits in Lucca, in: NA 43 (1922) S. 513–550

Schmidt, T., Alexander II. (1061–1073) und die römische Reformgruppe seiner Zeit (Stuttgart 1977)

Tritz, H., Die hagiographischen Quellen zur Geschichte Papst Leos IX., in: Stud Greg 4 (1952) S. 191–364

Vollrath, H., Kaisertum und Patriziat in den Anfängen des Investiturstreits, in: ZKG 85 (1974) S. 11–44

Das Zeitalter Gregors VII.:

Bernheim, E., Das unechte Dekret Hadrians I. im Zusammenhang mit den unechten Dekreten Leos VIII. als Dokumente des Investiturstreites, in: Forschungen zur deutschen Geschichte 15 (1875) S. 618–638

Beumann, H., Tribur, Rom und Canossa, in: Investiturstreit und Reichsverfassung, hrsg. v. J. Fleckenstein (Sigmaringen 1973) S. 33–60

Blumenthal, U.-R., Canossa and Royal Ideology in 1077: Two Unknown Manuscripts of De penitentia regis Salomonis, in: Manuscripta 22 (1978) S. 91–96

Bollenot, G., Un légat pontifical au XIᵉ siècle: Hugues évêque de Die (1073–1082), primat des Gaules (1082–1106) (Thèse Lyon 1973)

Bonin, R., Die Besetzung der deutschen Bistümer in den letzten 30 Jahren Heinrichs IV. 1077–1105 (Jena 1889)

Borino, G. B., Il decreto di Gregorio VII contro le investiture fu „promulgato" nel 1075, in: Stud Greg 6 (1959/61) S. 329–348

Boshof, E., Heinrich IV. Herrscher an einer Zeitenwende (Göttingen 1979)

Bruns, H., Das Gegenkönigtum Rudolfs von Rheinfelden und seine zeitpolitischen Voraussetzungen (Bleicherode am Harz 1939)

Canossa als Wende. Ausgewählte Aufsätze zur neueren Forschung, hrsg. v. H. Kämpf (Darmstadt 1976)

Capitani, O., Hadrianum e Privilegium minus: una rilettura, in: Aus Kirche und Reich. Festschrift für F. Kempf (Sigmaringen 1983) S. 173–186

Ders., Storiografia e riforma della chiesa in Italia (Arnolfo e Landolfo seniore di Milano), in: La storiografia altomedievale = Settimane di studio 17 (Spoleto 1970) S. 557–629

Cowdrey, H. E. J., Pope Gregory VII and the Anglo-Norman Church and Kingdom, in: Stud Greg 9 (1972) S. 79–114

Fleckenstein, J., Heinrich IV. und der deutsche Episkopat in den Anfängen des Investiturstreites. Ein Beitrag zur Problematik von Worms, Tribur und Canossa, in: Adel und Kirche, hrsg. v. J. Fleckenstein/K. Schmid (Freiburg i. Br./Basel/Wien 1968) S. 221–236

Ders., Hofkapelle und Reichsepiskopat unter Heinrich IV., in: Investiturstreit und Reichsverfassung, hrsg. v. J. Fleckenstein (Sigmaringen 1973) S. 117–140

v. Giesebrecht., W., Die Gesetzgebung der römischen Kirche zur Zeit Gregors VII., in: Münchener Historisches Jahrbuch für 1866, S. 91–193

Gugumus, J. E., Die Speyerer Bischöfe im Investiturstreit. Forschungen zu Problemen über das Verhältnis von Staat und Kirche im ausgehenden 11. Jahrhundert, in: Archiv für mittelrheinische Kirchengeschichte 3 (1951) S. 77–144 und 4 (1952) S. 45–78

Hartmann, W., Eine unbekannte Überlieferung der falschen Investiturprivilegien, in: DA 24 (1968) S. 498–504

Hlawitschka, E., Zwischen Tribur und Canossa, in: HJb 94 (1974) S. 25–45

Jakobs, H., Rudolf von Rheinfelden und die Kirchenreform, in: Investiturstreit und Reichsverfassung, hrsg. v. J. Fleckenstein (Sigmaringen 1973) S. 87–115

Jordan, K., Ravennater Fälschungen aus den Anfängen des Investiturstreits, in: AUF 15 (1938) S. 426–448; Nachdruck in: Ders., Ausgewählte Aufsätze zur Geschichte des Mittelalters (Stuttgart 1980) S. 52–74 (mit Nachträgen: S. 346 f.)

Martens, W., Gregor VII., sein Leben und Wirken, 2 Bde. (Leipzig 1894)

Meltzer, O., Papst Gregor VII. und die Bischofswahlen. Ein Beitrag zur Geschichte des Verhältnisses zwischen Staat und Kirche (Dresden ²1876)

Meier, G., Die Bischöfe von Paderborn und ihr Bistum im Hochmittelalter (Paderborn/München/Wien/Zürich 1987)

Meyer, E., Zum Investiturgesetz Gregors VII., in: Festschrift zu der . . . Einweihung der neuen Gebäude des Königlichen Friedrich-Kollegiums zu Königsberg Pr. (Königsberg 1892) S. 75–89

Schieffer, R., Gregor VII. – Ein Versuch über die historische Größe, in: HJb 97/98 (1978) S. 87–107

Ders., Von Mailand nach Canossa. Ein Beitrag zur Geschichte der christlichen Herrscherbuße von Theodosius dem Großen bis zu Heinrich IV., in: DA 28 (1972) S. 333–376

Schlesinger, W., Die Wahl Rudolfs von Rheinfelden zum Gegenkönig 1077 in Forchheim, in: Investiturstreit und Reichsverfassung, hrsg. v. J. Fleckenstein (Sigmaringen 1973) S. 61–85

Schneider, Chr., Prophetisches Sacerdotium und heilsgeschichtliches Regnum im Dialog 1073–1077. Zur Geschichte Gregors VII. und Heinrichs IV. (München 1972)

Staber, J., Gregor VII. und der Investiturstreit im Urteil der hochmittelalterlichen Geschichtsschreibung, in: Konzil und Papst. Festgabe für H. Tüchle (München/Paderborn/Wien 1975) S. 103–145

v. den Steinen, W., Canossa. Heinrich IV. und die Kirche (München 1957)

Studi matildici. Atti e memorie del III convegno di studi matildici (Modena 1978)

Vogel, J., Gregor VII. und Heinrich IV. nach Canossa. Zeugnisse ihres Selbstverständnisses (Berlin/New York 1983)

Ders., Gregors VII. Abzug aus Rom und sein letztes Pontifikatsjahr in Salerno, in: Tradition als historische Kraft. Festschrift für K. Hauck (Berlin/New York 1982) S. 341–349

Ders., Zur Kirchenpolitik Heinrichs IV. nach seiner Kaiserkrönung und zur Wirksamkeit der Legaten Gregors VII. und Clemens'(III.), in: FMST 16 (1982) S. 161–192

Zimmermann, H., Der Canossagang von 1077. Wirkungen und Wirklichkeit (Mainz 1975); in etwas erweiterter italienischer Fassung unter dem Titel: Canossa 1077. Storia e attualità (Bologna 1977)

Ders., Wurde Gregor VII. 1076 in Worms abgesetzt?, in: MIÖG 78 (1970) S. 121–131

Die letzte Phase des Investiturstreits:

Barlow, F., The English Church 1066–1154 (London/New York 1979)

Becker, A., Papst Urban II. (1088–1099), Teil 1: Herkunft und kirchliche Laufbahn. Der Papst und die lateinische Christenheit (Stuttgart 1964)

Ders., La politique féodale d'Urbain II dans l'ouest et le sud de l'Europe, in: Droit privé et institutions régionales. Etudes historiques offertes à J. Yver (Rouen 1967) S. 43–56

Bernheim, E., Über den Traktat de investitura episcoporum, in: Forschungen zur deutschen Geschichte 16 (1870) S. 281–295

Beumann, J., Sigebert von Gembloux und der Traktat de investitura episcoporum (Sigmaringen 1977)

Blumenthal, U.-R., The Early Councils of Pope Paschal II 1100–1110 (Toronto 1978)

Dies., Some Notes on Papal Policies at Guastalla 1106, in: Studia Gratiana 19,1 (1976) S. 62–77

Dies., Opposition to Pope Paschal II. Some Comments of the Lateran Council of 1112, in: AHC 10 (1978) S. 82–98

Dies., Patrimonia and Regalia in 1111, in: Law, Church and Society. Essays in Honor of St. Kuttner (Philadelphia 1977) S. 9–20

Brett, M., The English Church under Henry I (Oxford 1975)

Brooke, Z. N., The English Church and the Papacy from the Conquest to the Reign of John (Cambridge 1931)

Büttner, H., Erzbischof Adalbert von Mainz, die Kurie und das Reich in den Jahren 1118 bis 1122, in: Investiturstreit und Reichsverfassung, hrsg. v. J. Fleckenstein (Sigmaringen 1973) S. 395–410

Cantor, N. F., Church, Kingship and Lay Investiture in England 1089–1135 (Princeton N. J. 1958)

Chodorow, S. A., Ideology and Canon Law in the Crisis of 1111, in: Proceedings of the Fourth International Congress of Medieval Canon Law (Vatikanstadt 1976) S. 55–80

Ders., Ecclesiastical Politics and the Ending of the Investiture Contest: the Papal Election of 1119 and the Negotiations of Mouzon, in: Speculum 46 (1971) S. 613–640

Classen, P., Das Wormser Konkordat in der deutschen Verfassungsgeschichte, in: Investiturstreit und Reichsverfassung, hrsg. v. J. Fleckenstein (Sigmaringen 1973) S. 411–460

Cowdrey, H. E. J., Two Studies in Cluniac History 1049–1126, II: Abbot Pontius of Cluny (1109–22/6), in: Stud Greg 11 (1978) S. 177–277

Ders., The Succession of the Archbishops of Milan in the Time of Pope Urban II, in: EHR 83 (1968) S. 285–294

Erkens, F.-R., Die Trierer Kirchenprovinz im Investiturstreit (Köln/Wien 1987)

Ficker, J., Über das Eigenthum des Reiches am Reichskirchengute (Wien 1873, Nachdruck: Darmstadt 1967)

Fliche, A., Guy de Ferrare. Etude sur la polémique religieuse en Italie à la fin du XIe siècle, in: Annales de la faculté des lettres de Bordeaux et des universités du Midi. Bulletin italien 16 (1916) S. 105–140 und 18 (1918) S. 114–131

Fried, J., Der Regalienbegriff im 11. und 12. Jahrhundert, in: DA 29 (1973) S. 450–528

Gervais, E., Kaiser Heinrich V. (Leipzig 1841)

Hoffmann, H., Ivo von Chartres und die Lösung des Investiturproblems, in: DA 15 (1959) S. 393–440

Hofmeister, A., Das Wormser Konkordat. Zum Streit um seine Bedeutung, in: Forschungen und Versuche zur Geschichte des Mittelalters und der Neuzeit. Festschrift D. Schäfer (Jena 1915) S. 64–148; nachgedruckt als Monographie: (Darmstadt 1962)

Jordan, K., Die Stellung Wiberts von Ravenna in der Publizistik des Investiturstreits, in: MIÖG 62 (1954) S. 155–164; Nachdruck in: Ders., Ausgewählte Aufsätze zur Geschichte des Mittelalters (Stuttgart 1980) S. 75–84 (mit Nachträgen S. 345–347)

Krimm-Beumann, J., Der Traktat „De investitura episcoporum" von 1109, in: DA 33 (1977) S. 37–83

Meuthen, E., Kirche und Heilsgeschichte bei Gerhoh von Reichersberg (Leiden/Köln 1959)

Minninger, M., Von Clermont zum Wormser Konkordat. Die Auseinandersetzungen um den Lehnsnexus zwischen König und Episkopat (Köln/Wien 1978)

Ott, I., Der Regalienbegriff im 12. Jahrhundert, in: ZRG KA 35 (1948) S. 234–304

Pacaut, M., L'investiture en France au début du XIIe siècle, in: Etudes d'histoire du droit canonique dédiées à G. Le Bras (Paris 1965) S. 665–672

Panzer, K., Wido von Ferrara De scismate Hildebrandi. Ein Beitrag zur Geschichte des Investiturstreites (Leipzig 1880)

Peiser, G., Der deutsche Investiturstreit unter König Heinrich V. bis zu dem päpstlichen Privileg vom 13. April 1111 (Diss. Leipzig 1883)

Robinson, I. St., Authority and Resistance in the Investiture Contest. The Polemical Literature of the Late Eleventh Century (Manchester 1978)

Schieffer, Th., Nochmals die Verhandlungen von Mouzon (1119), in: Festschrift E. E. Stengel (Münster i. W./Köln 1952) S. 324–341

Servatius, C., Paschalis II. (1099–1118). Studien zu seiner Person und seiner Politik (Stuttgart 1979)

Southern, R. W., Saint Anselm and his Biographer. A Study of Monastic Life and Thought 1059–ca. 1130 (Cambridge 1963)

Sprandel, R., Ivo von Chartres und seine Stellung in der Kirchengeschichte (Stuttgart 1962)

Waas, A., Heinrich V. Gestalt und Verhängnis des letzten salischen Kaisers (München 1967)

Werner, E., Zwischen Canossa und Worms. Staat und Kirche 1077–1122 (Berlin 1973)

Wilks, M. J., Ecclesiastica and Regalia: Papal Investiture Policy from the Council of Guastalla to the First Lateran Council 1106–1123, in: Councils and Assemblies, hrsg. v. G. J. Cuming/D. Baker (Cambridge 1971) S. 69–85

Ziese, J., Historische Beweisführung in Streitschriften des Investiturstreites (München 1972)

Ders., Wibert von Ravenna. Der Gegenpapst Clemens III. (1084–1100) (Stuttgart 1982)

2. Die Entfaltung des römischen Primats und die Reform der Kirchenverfassung:

Allgemeines:

Alberigo, G., Cardinalato e collegialità (Florenz 1969)

Boshof, E./Wolter, H., Rechtsgeschichtlich-diplomatische Studien zu frühmittelalterlichen Papsturkunden (Köln/Wien 1976)

Capitani, O., Episcopato ed ecclesiologia nell' età gregoriana, in: Le istituzioni ecclesiastiche della „societas christiana" dei secoli XI–XII. Papato, cardinalato ed episcopato (Mailand 1974) S. 316–373

Ders., Immunità vescovili ed ecclesiologia in età „pregregoriana" e „gregoriana". L'avvio alla „restaurazione" (Spoleto 1966)

Congar, Y. M.-J., Die Lehre von der Kirche. Von Augustinus bis zum abendländischen Schisma (Freiburg i. Br./Basel/Wien 1971)

Ders., Der Platz des Papsttums in der Kirchenfrömmigkeit der Reformer des 11. Jahrhunderts, in: Sentire Ecclesiam. Festschrift für H. Rahner (Freiburg i. Br./Basel/Wien 1961) S. 196–217

Engels, O., Schutzgedanke und Landesherrschaft im östlichen Pyrenäenraum (9.–13. Jahrhundert) (Münster i. W. 1970)

Fried, J., Der päpstliche Schutz für Laienfürsten. Die politische Geschichte des päpstlichen Schutzprivilegs für Laien (Heidelberg 1980)

Fürst, C. G., Cardinalis. Prolegomena zu einer Rechtsgeschichte des römischen Kardinalskollegiums (München 1967)

Fuhrmann, H., Einfluß und Verbreitung der pseudo-isidorischen Fälschungen, 3 Bde. (Stuttgart 1972/73/74)

Ganzer, Kl., Das roemische Kardinalkollegium, in: Le istituzioni ecclesiastiche della „societas christiana" dei secoli XI–XII. Papato, cardinalato ed episcopato (Mailand 1974) S. 153–181

Gussone, N., Thron und Inthronisation des Papstes von den Anfängen bis zum 12. Jahrhundert (Bonn 1978)

Kempf, F., Die Eingliederung der überdiözesanen Hierarchie in das Papalsystem des kanonischen Rechts von der gregorianischen Reform bis zu Innozenz III., in: AHP 18 (1980) S. 57–96

Klewitz, H.-W., Reformpapsttum und Kardinalkolleg (Darmstadt 1957)

Koeniger, A. M., Prima sedes a nemine iudicatur, in: Beiträge zur Geschichte des christlichen Altertums und der byzantinischen Literatur. Festgabe A. Ehrhard (Bonn/Leipzig 1922) S. 273–300

Laudage, J., Priesterbild und Reformpapsttum im 11. Jahrhundert (Köln/Wien 1984)

Maccarrone, M., La teologia del primato romano del secolo XI, in: Le istituzioni ecclesiastiche della „societas christiana" dei secoli XI–XII. Papato, cardinalato ed episcopato (Mailand 1974) S. 21–122

Ders., Vicarius Christi. Storia del titolo papale (Rom 1952)

Das Papsttum, Bd. 1: Von den Anfängen bis zu den Päpsten in Avignon, hrsg. v. M. Greschat (Stuttgart/Berlin/Köln/Mainz 1985)

Schramm, P. E., Kaiser, Könige und Päpste, Bd. IV, 1 (Stuttgart 1970)

Ders., Kaiser, Rom und Renovatio, 2 Bde. (Bd. 1: Darmstadt ⁴1984: Bd. 2: Leipzig 1929)

Szabó-Bechstein, B., Libertas Ecclesiae. Ein Schlüsselbegriff des Investiturstreits und seine Vorgeschichte. 4.–11. Jahrhundert (Rom 1985)

Ullmann, W., Kurze Geschichte des Papsttums im Mittelalter (Berlin/New York 1978)

Ders., The Growth of Papal Government in the Middle Ages (London ³1970); deutsch unter dem Titel: Die Machtstellung des Papsttums im Mittelalter (Graz/Wien/Köln ²1969)

Zimmermann, H., Papstabsetzungen des Mittelalters (Graz/Wien/Köln 1968)

Zotz, Th., Pallium et alia quaedam archiepiscopatus insignia. Zum Beziehungsgefüge und zu Rangfragen der Reichskirchen im Spiegel der päpstlichen Privilegierung des 10. und 11. Jahrhunderts, in: Festschrift für B. Schwineköper zu seinem siebzigsten Geburtstag (Sigmaringen 1982) S. 155–175

Die historischen Voraussetzungen:

Fichtenau, H., Vom Ansehen des Papsttums im zehnten Jahrhundert, in: Aus Kirche und Reich. Festschrift für F. Kempf (Sigmaringen 1983) S. 117–124

Fried, J., Laienadel und Papst in der Frühzeit der französischen und deutschen Geschichte, in: Aspekte der Nationenbildung im Mittelalter = Nationes, Bd. 1 (Sigmaringen 1978) S. 367–406

Kempf, F., Primatiale und episkopal-synodale Struktur der Kirche vor der gregorianischen Reform, in: AHP 16 (1978) S. 27–66

Klinkenberg, H. M., Der römische Primat im 10. Jahrhundert, in: ZRG KA 41 (1955) S. 1–57

Lindemans, St., La primauté du Pape dans la tradition littéraire de la fin du IXe au début du XIe siècle (Diss. theol. Rom 1959); Teildruck unter dem Titel: La primauté du Pape dans la tradition littéraire du Xe siècle (Louvain 1965)

Zimmermann, H., Das dunkle Jahrhundert (Graz/Wien/Köln 1971)

Die ersten Reformansätze:

Anton, H. H., Der sogenannte Traktat „De ordinando pontifice". Ein Rechtsgutachten in Zusammenhang mit der Synode von Sutri (1046) (Bonn 1982)

Beumann, H., Reformpäpste als Reichsbischöfe in der Zeit Heinrichs III. Ein Beitrag zur Geschichte des ottonisch-salischen Reichskirchensystems, in: Festschrift für F. Hausmann (Graz 1977) S. 21–37

Fournier, P., Le décret de Burchard de Worms. Ses caractères, son influence, in: RHE 12 (1911) S. 451–473 und S. 670–701

Goez, W., Papa qui et episcopus. Zum Selbstverständnis des Reformpapsttums im 11. Jahrhundert, in: AHP 8 (1970) S. 27–59

Herrmann, K.-J., Das Tuskulanerpapsttum (1012–1046). Benedikt VIII., Johannes XIX., Benedikt IX. (Stuttgart 1973)

Hoerschelmann, E., Bischof Wazo von Lüttich und seine Bedeutung für den Beginn des Investiturstreites (Düsseldorf 1955)

Kerner, M., Studien zum Dekret des Bischofs Burchard von Worms, 2 Bde. (Diss. Aachen 1969)

Koeniger, A. M., Burchard I. von Worms und die deutsche Kirche seiner Zeit (1000–1025). Ein kirchen- und sittengeschichtliches Zeitbild (München 1905)

Elze, R., Das „sacrum palatium Lateranense" im 10. und 11. Jahrhundert, in: Stud Greg 4 (1952) S. 27–54

Gauss, J., Ost und West in der Kirchen- und Papstgeschichte des 11. Jahrhunderts (Zürich 1967)

Gilchrist, J. T., Humbert of Silva Candida and the Political Concept of Ecclesia in the Eleventh Century Reform Movement, in: Journal of Religious History 2 (1962) S. 13–28

Hartmann, H., Über die Entstehung der Rota, in: AUF 16 (1939) S. 385–412

Hüls, R., Kardinäle, Klerus und Kirchen Roms. 1049–1130 (Tübingen 1977)

Jordan, K., Die päpstliche Verwaltung im Zeitalter Gregors VII., in: Stud Greg 1 (1947) S. 111–135; Nachdruck in: Ders., Ausgewählte Aufsätze zur Geschichte des Mittelalters (Stuttgart 1980) S. 129–153 (mit einem Nachtrag: S. 347 f.)

Krause, H.-G., Das Constitutum Constantini im Schisma von 1054, in: Aus Kirche und Reich. Festschrift für F. Kempf (Sigmaringen 1983) S. 131–158

Michel, A., Humbert und Kerullarios. Quellen und Studien zum Schisma des 11. Jahrhunderts, 2 Bde. (Paderborn 1924/30)

Petrucci, E., Ecclesiologia e politica di Leone IX (Rom 1977)

Ders., Rapporti di Leone IX con Costantinopoli, Parte I: Per la storia dello scisma del 1054 (Rom 1975); auch in: Studi Medievali, Serie terza 14, 2 (1973) S. 733–831

Ryan, J. J., Cardinal Humbert „De s. Romana Ecclesia": Relics of Roman-Byzantine Relations 1053–1054, in: Mediaeval Studies 20 (1958) S. 206–238

Santifaller, L., Über die Neugestaltung der äußeren Form der Papstprivilegien unter Leo IX., in: Festschrift H. Wiesflecker (Graz/Wien/Köln 1973) S. 29–38

Sydow, J., Untersuchungen zur kurialen Verwaltungsgeschichte im Zeitalter des Reformpapsttums, in: DA 11 (1954/55) S. 18–73

Tritz, H., Die hagiographischen Quellen zur Geschichte Papst Leos IX., in: Stud Greg 4 (1952) S. 191–364

Ullmann, W., Cardinal Humbert and the Ecclesia Romana, in: Stud Greg 4 (1952) S. 111–127

Das Zeitalter Nikolaus' II. und Alexanders II.:

Borino, G. B., L'arcidiaconato di Ildebrando, in: Stud Greg 3 (1948) S. 436–516

Capitani, O., Problematica della Disceptatio Synodalis, in: Stud Greg 10 (1975) S. 141–174

Feine, H. E., Zum Papstwahldekret Nikolaus' II. „In nomine domini" von 1059 nach neueren Forschungen, in: Etudes d'histoire du droit canonique dédiées à G. Le Bras, Bd. 1 (Paris 1965) S. 541–551

Fois, M., I compiti e le prerogative dei cardinali vescovi secondo Pier Damiani nel quadro della sua ecclesiologia primaziale, in: AHP 10 (1972) S. 25–105

Hägermann, D., Untersuchungen zum Papstwahldekret von 1059, in: ZRG KA 56 (1970) S. 157–193

Ders., Zur Vorgeschichte des Pontifikats Nikolaus' II., in: ZKG 81 (1970) S. 352–361

Kempf, F., Pier Damiani und das Papstwahldekret von 1059, in: AHP 2 (1964) S. 73–89

Krause, H.-G., Das Papstwahldekret von 1059 und seine Rolle im Investiturstreit (Rom 1960)

Michel, A., Papstwahl und Königsrecht oder das Papstwahl-Konkordat von 1059 (München 1936)

Pásztor, E., San Pier Damiani, il cardinalato e la formazione della Curia Romana, in: Stud Greg 10 (1975) S. 317–339

Ryan, J. J., Saint Peter Damiani and his Canonical Sources. A Preliminary Study in the Antecedents of the Gregorian Reform (Toronto 1956)

Scheffer-Boichorst, P., Die Neuordnung der Papstwahl durch Nikolaus II. (Straßburg 1879)

Schmale, F.-J., Synoden Alexanders II. Anzahl, Termine, Entscheidungen, in: AHC 11 (1979) S. 307–338

Schmidt, T., Alexander II. (1061–1073) und die römische Reformgruppe seiner Zeit (Stuttgart 1977)

Stürmer, W., Der Königsparagraph im Papstwahldekret von 1059, in: Stud Greg 9 (1972) S. 37–52

Ders., Das Papstwahldekret von 1059 und die Wahl Nikolaus' II., in: ZRG KA 59 (1973) S. 417–419

Ders., „Salvo debito honore et reverentia". Der Königsparagraph im Papstwahldekret von 1059, in: ZRG KA 54 (1968) S. 1–56

Vollrath, H., Kaisertum und Patriziat in den Anfängen des Investiturstreits, in: ZKG 85 (1974) S. 11–44

Wollasch, J., Die Wahl des Papstes Nikolaus II., in: Adel und Kirche, hrsg. v. J. Fleckenstein/K. Schmid (Freiburg i. Br./Basel/Wien 1968) S. 205–220; Nachdruck in: Il monachesimo e la riforma ecclesiastica (1049–1122) (Mailand 1971) S. 54–73

Woody, K. M., Sagena piscatoris: Peter Damiani and the Papal Election Decree of 1059, in: Viator 1 (1970) S. 33–54

Der Pontifikat Gregors VII.:

Arquillière, H.-X., Saint Grégoire VII. Essai sur sa conception du pouvoir pontifical (Paris 1934)

Borino, G. B., Un'ipotesi sul „Dictatus papae" di Gregorio VII, in: Archivio della R. Deputazione Romana di storia patria 67 (1944) S. 237–252

Cowdrey, H. E. J., The Age of Abbot Desiderius (Oxford 1983)

Fornasari, G., Del nuovo su Gregorio VII? Riflessioni su un problema storiografico „non esaurito", in: Studi Medievali, Serie terza 24,1 (1983) S. 315–353

Fuhrmann, H., Gregor VII., „Gregorianische Reform" und Investiturstreit, in: Das Papsttum, Bd. 1, hrsg. v. M. Greschat (Stuttgart/Berlin/Köln/Mainz 1985) S. 155–175

Ders., Das Reformpapsttum und die Rechtswissenschaft, in: Investiturstreit und Reichsverfassung, hrsg. v. J. Fleckenstein (Sigmaringen 1973) S. 175–203

Ders., „Quod catholicus non habeatur, qui non concordat Romanae ecclesiae". Randnotizen zum Dictatus papae, in: Festschrift für H. Beumann (Sigmaringen 1977) S. 263–287

Ganzer, Kl., Das Kirchenverständnis Gregors VII., in: Trierer Theologische Zeitschrift 78 (1969) S. 95–109

Gauss, J., Die Dictatus-Thesen Gregors VII. als Unionsforderungen, in: ZRG KA 29 (1940) S. 1–115

Gilchrist, J., Gregory VII and the Primacy of the Roman Church, in: Tijdschrift voor Rechtsgeschiedenis 36 (1968) S. 123–135

Ders., Gregory VII and the Juristic Sources of his Ideology, in: Studia Gratiana 12 (1967) S. 1–37

Ders., The Reception of Pope Gregory VII into the Canon Law (1073–1141), in: ZRG KA 59 (1973) S. 35–82 und 66 (1980) S. 192–229

Hageneder, O., Die Häresie des Ungehorsams und das Entstehen des hierokratischen Papsttums, in: Römische Historische Mitteilungen 20 (1978) S. 29–47

Hofmann, K., Der „Dictatus Papae" Gregors VII. Eine rechtsgeschichtliche Erklärung (Paderborn 1933)

Ders., Der „Dictatus Papae" Gregors VII. als Index einer Kanonessammlung, in: Stud Greg 1 (1947) S. 531–537

Kempf, F., Ein zweiter Dictatus papae? Ein Beitrag zum Depositionsanspruch Gregors VII., in: AHP 13 (1975) S. 119–135

Kuttner, St., Liber canonicus. A Note on „Dictatus Papae" c. 17, in: Stud Greg 2 (1947) S. 387–401

de Matteis, M. C., La riconciliazione di Canossa tra „Dictatus papae" e „Auctoritates Apostolicae Sedis", in: Studi Medievali, Serie terza 19,2 (1978) S. 682–699

Meulenberg, L., Der Primat der römischen Kirche in Denken und Handeln Gregors VII. ('s Gravenhage 1965)

Ders., Une question toujours ouverte: Grégoire VII e l'infaillibilité du pape, in: Aus Kirche und Reich. Festschrift für F. Kempf (Sigmaringen 1983) S. 159–171

Miccoli, G., Gregorio VII, in: Bibliotheca Sanctorum 7 (Rom 1966) Sp. 294–379

Mordek, H., Proprie auctoritates apostolicae sedis. Ein zweiter Dictatus Papae Gregors VII.?, in: DA 28 (1972) S. 105–132

Ders., Kanonistik und gregorianische Reform. Marginalien zu einem nichtmarginalen Thema, in: Reich und Kirche vor dem Investiturstreit, hrsg. v. K. Schmid (Sigmaringen 1985) S. 65–82

Robinson, I. St., Periculosus homo: Pope Gregory VII and Episcopal Authority, in: Viator 9 (1978) S. 103–131

Schieffer, R., Gregor VII. – Ein Versuch über die historische Größe, in: HJb 97/98 (1978) S. 87–107

Spörl, J., Gregor VII. und das Problem der Autorität, in: Reformata Reformanda. Festgabe für H. Jedin, Bd. 1 (Münster i. W. 1965) S. 59–73

Ullmann, W., Romanus Pontifex indubitanter efficitur sanctus: Dictatus Papae 23 in Retrospect and Prospect, in: Stud Greg 6 (1959/61) S. 229–264

Wojtowytsch, M., Proprie auctoritates apostolice sedis. Bemerkungen zu einer bisher unbeachteten Überlieferung, in: DA 40 (1984) S. 612–621

Die nachgregorianische Entwicklung:

Becker, A., Papst Urban II. (1088–1099), 2 Bde., (Stuttgart 1964/88)

Ders., Urban II. und die deutsche Kirche, in: Investiturstreit und Reichsverfassung, hrsg. v. J. Fleckenstein (Sigmaringen 1973) S. 241–275

Blumenthal, U.-R., The Early Councils of Pope Paschal II 1100–1110 (Toronto 1978)

Dies., Paschal II and the Roman Primacy, in: AHP 16 (1978) S. 67–92

Cantarella, G., Ecclesiologia e politica nel papato di Pasquale II. Linee di una interpretazione (Rom 1982)

Fliche, A., Le pontificat de Victor III, in: RHE 20 (1924) S. 387–412

Gossman, F. J., Pope Urban II and Canon Law (Diss. Washington D. C. 1960)

Schmale, F.-J., Papsttum und Kurie zwischen Gregor VII. und Innozenz II., in: HZ 193 (1961) S. 265–285; Nachdruck in: Probleme des 12. Jahrhunderts (Sigmaringen 1968) S. 13–31

Servatius, C., Paschalis II. (1099–1118). Studien zu seiner Person und seiner Politik (Stuttgart 1979)

Somerville, R., The Council of Clermont (1095) and Latin Christian Society, in: AHP 12 (1974) S. 55–90

Ziese, J., Wibert von Ravenna. Der Gegenpapst Clemens III. (1084–1100) (Stuttgart 1982)

3. Der Kampf gegen Simonie und Nikolaitismus:

Allgemeines:

Amann, E., Nicolaïtes, in: Dictionnaire de Théologie Catholique 11 (1931) Sp. 499–506

Barstow, A. Ll., Married Priests and the Reforming Papacy: The Eleventh Century Debates (New York/Toronto 1982)

Böhmer, H., Die Entstehung des Zölibats, in: Geschichtliche Studien für A. Hauck (Leipzig 1916) S. 6–24

Boelens, M., Die Klerikerehe in der Gesetzgebung der Kirche unter besonderer Berücksichtigung der Strafe. Eine rechtsgeschichtliche Untersuchung von den Anfängen der Kirche bis zum Jahre 1139 (Paderborn 1968)

Brooke, Chr. N. L., Gregorian Reform in Action. Clerical Marriage in England 1050–1200, in: The Cambridge Historical Journal 12 (1956) S. 1–21 und 187 f.

Brundage, J. A., Concubinage and Marriage in Medieval Canon Law, in: Journal of Medieval History 1 (1975) S. 1–17

Denzler, G., Das Papsttum und der Amtszölibat, Bd. 1 (Stuttgart 1973)

Fauser, A., Die Publizisten des Investiturstreites. Persönlichkeiten und Ideen (Würzburg 1935)

Fornasari, G., Celibato sacerdotale e „autoscienza" ecclesiale. Per la storia della „nicolaitica haeresis" nell'occidente medievale (Udine 1981)

Gaudemet, J., Le célibat ecclésiastique. Le droit et la pratique du XIe au XIIIe s., in: ZRG KA 68 (1982) S. 1–31

Gilchrist, J. T., Simoniaca Haeresis and the Problem of Orders from Leo IX to Gratian, in: Proceedings of the Second International Congress of Medieval Canon Law (Vatikanstadt 1965) S. 209–235

Hirsch, E., Der Simoniebegriff und eine angebliche Erweiterung desselben im elften Jahrhundert, in: Archiv für katholisches Kirchenrecht 86 (1906) S. 3–19

Hödl, L., Die lex continentiae. Eine problemgeschichtliche Studie über den Zölibat, in: Zeitschrift für katholische Theologie 83 (1961) S. 325–344

Kupper, A., Beiträge zum Problem der Simonie im 11. Jahrhundert (Diss. Mainz 1954)

Ladner, G., Theologie und Politik vor dem Investiturstreit. Abendmahlsstreit, Kirchenreform, Cluni und Heinrich III. (Baden bei Wien/Brünn/Leipzig/Prag 1936)

Laudage, J., Priesterbild und Reformpapsttum im 11. Jahrhundert (Köln/Wien 1984)

Leinz, A., Die Simonie. Eine kanonistische Studie (Freiburg i. Br. 1902)

Lynch, J. H., Simoniacal entry into religious life from 1000 to 1260 (Columbus 1976)

Ders., Marriage and Celibacy of the Clergy: The Discipline of the Western Church. An Historical-Canonical Synopsis, in: The Jurist 32 (1972) S. 189–212

Meier-Welcker, H., Die Simonie im frühen Mittelalter, in: ZKG 64 (1952/53) S. 61–93

Miccoli, G., Chiesa gregoriana. Ricerche sulla riforma ecclesiastica del secolo XI (Florenz 1966)

Mirbt, C., Die Publizistik im Zeitalter Gregors VII. (Leipzig 1894)

Parisella, I., Ecclesiae Romanae dimicatio contra simoniam a Leone IX usque ad concilium Lateranense I, in: Apollinaris 15 (1942) S. 95–140

Rosati, M., La teologia sacramentaria nella lotta contro la simonia e l'investitura laica del secolo XI (Diss. Pont. Univ. Gregoriana Rom 1951)

Rossetti, G., Il matrimonio del clero nella società altomedievale, in: Il matrimonio nella società altomedievale = Settimane di studio 24 (Spoleto 1977) S. 473–554

Ryder, J., Simony. An Historical Synopsis and Commentary (Washington D. C. 1931)

Sacerdoce et célibat. Etudes historiques et théologiques, hrsg. v. J. Coppens (Gembloux/ Louvain 1971)

Schimmelpfennig, B., Zölibat und Lage der „Priestersöhne" vom 11. bis zum 14. Jahrhundert, in: HZ 227 (1978) S. 1–44

Szabó-Bechstein, B., Libertas Ecclesiae. Ein Schlüsselbegriff des Investiturstreits und seine Vorgeschichte. 4.–11. Jahrhundert (Rom 1985)

Vacandard, E., Célibat ecclésiastique, in: Dictionnaire de Théologie Catholique 2 (1905) Sp. 2068–2088

Werner, E., Häresie und Gesellschaft im 11. Jahrhundert (Berlin 1975)

Ders., Ideologie und Gesellschaft im europäischen Mittelalter: das 11. Jahrhundert, in: Jahrbuch für Geschichte des Feudalismus 6 (1982) S. 11–52

Die ersten Reformansätze:

Benz, K. J., Kaiser Konrad II. und die Kirche. Ein Beitrag zur Historiographie des ersten Saliers, in: ZKG 88 (1977) S. 190–217

Bulst, N., Untersuchungen zu den Klosterreformen Wilhelms von Dijon (962–1031) (Bonn 1973)

Goez, W., Reformpapsttum, Adel und monastische Erneuerung in der Toscana, in: Investiturstreit und Reichsverfassung, hrsg. v. J. Fleckenstein (Sigmaringen 1973) S. 205–239

Fornasari, M., Enrico II e Benedetto VIII e i canoni del presunto concilio di Ravenna del 1014, in: Rivista di storia della chiesa in Italia 18 (1964) S. 46–55

Herrmann, K.-J., Das Tuskulanerpapsttum (1012–1046). Benedikt VIII., Johannes XIX., Benedikt IX (Stuttgart 1973)

Mikoletzky, H. L., Kaiser Heinrich II. und die Kirche (Wien 1946)

Schieffer, Th., Heinrich II. und Konrad II. Die Umprägung des Geschichtsbildes durch die Kirchenreform des 11. Jahrhunderts, in: DA 8 (1951) S. 384–439; als Monographie: (Darmstadt 1969)

Vogt, H.-J., Konrad II. im Vergleich zu Heinrich II. und Heinrich III. Ein Beitrag zur kirchenpolitischen wie religiös-geistlichen Haltung der drei Kaiser (Diss. phil. Frankfurt 1957)

Die Lage in der Mitte des 11. Jahrhunderts:

Anton, H. H., Der sogenannte Traktat „De ordinando pontifice". Ein Rechtsgutachten in Zusammenhang mit der Synode von Sutri (1046) (Bonn 1982)

Blumenthal, U.-R., Ein neuer Text für das Reimser Konzil Leos IX. (1049)?, in: DA 32 (1976) S. 23–48

de Chasteigner, J., Le célibat sacerdotal dans les écrits de Saint Pierre Damien, in: Doctor Communis 24 (1971) S. 169–183 und S. 261–276

Drehmann, J., Papst Leo IX. und die Simonie. Ein Beitrag zur Untersuchung der Vorgeschichte des Investiturstreites (Leipzig/Berlin 1908)

Dressler, F., Petrus Damiani. Leben und Werk (Rom 1954)

Firminger, W. K., St. Peter Damiani and „Auxilius", in: The Journal of Theological Studies 26 (1924/25) S. 78–81

Gilchrist, J., Cardinal Humbert of Silva Candida, the Canon Law and Ecclesiastical Reform in the Eleventh Century, in: ZRG KA 58 (1972) S. 338–349

Gindele, E., Corpus Christi. Ein Beitrag zur Genese eines Grundbegriffes der kirchlichen Rechtsgeschichte von Paulus bis Humbert von Silva Candida (Diss. masch. theol. Tübingen 1977)

Halfmann, H., Cardinal Humbert, sein Leben und seine Werke mit besonderer Berücksichtigung seines Traktates: „Libri tres adversus Simoniacos" (Göttingen 1883)

Hoesch, H., Die kanonischen Quellen im Werk Humberts von Moyenmoutier. Ein Beitrag zur Geschichte der vorgregorianischen Reform (Köln/Wien 1970)

Kromayer, H., Über die Vorgänge in Rom im Jahre 1045 und die Synode von Sutri 1046, in: Historische Vierteljahresschrift 10 (1907) S. 161–195

Leclercq, J., „Simoniaca Heresis", in: Stud Greg 1 (1947) S. 523–530

Mazzoti, M., Il celibato e la castità del clero in S. Pier Damiano (Faenza 1961)

Miccoli, G., Il problema delle ordinazioni simoniache e le sinodi Lateranensi del 1060 e 1061, in: Stud Greg 5 (1956) S. 33–81

Michel, A., Humbert und Kerullarios. Quellen und Studien zum Schisma des XI. Jahrhunderts, 2 Bde. (Paderborn 1924/30)

Ders., Die antisimonistischen Reordinationen und eine neue Humbertschrift, in: RQ 46 (1938) S. 19–56

Palazzini, P., San Pier Damiani e la polemica anticelebataria, in: Divinitas 14 (1970) S. 127–133

Pelster, F., Die römische Synode von 1060 und die von Simonisten gespendeten Weihen, in: Gregorianum 23 (1942) S. 66–90

Ders., Der Traktat „De ordinando pontifice" und sein Verfasser Humbert von Moyenmoutier, in: HJb 61 (1941) S. 88–115

Petrucci, E., Ecclesiologia a politica di Leone IX (Rom 1977)

Robison, E. G., Humberti Cardinalis Libri Tres Adversus Simoniacos. A Critical Edition with an Introductory Essay and Notes (Diss. Princeton N. J. 1972)

Rukser, F., Kardinal Humberts Streitschrift Adversus Simoniacos im Lichte der Augustinischen Anschauungen (Diss. Greifswald 1921)

Runciman, St., The Eastern Schism. A Study of the Papacy and the Eastern Churches During the XIth and XIIth Centuries (Oxford 1955)

Ryan, J. J., Cardinal Humbert of Silva Candida and Auxilius: The „Anonymous Adversary" of Liber I Adversus Simoniacos, in: Mediaeval Studies 13 (1951) S. 218–223

Ders., The Legatine Excommunication of Patriarch Michael Caerularios (1054) and a New Document of the First Crusade Epoch, in: Studia Gratiana 14 (1967) S. 13–49

Ders., Saint Peter Damiani and his Canonical Sources. A Preliminary Study in the Antecedents of the Gregorian Reform (Toronto 1956)

Saltet, L., Les réordinations. Etude sur le sacrement de l'ordre (Paris 1907)

Schebler, A., Die Reordination in der „altkatholischen" Kirche (Bonn 1936)

Schmale, F.-J., Die „Absetzung" Gregors VI. in Sutri und die synodale Tradition, in: AHC 11 (1979) S. 55–103

Schmid, K., Heinrich III. und Gregor VI. im Gebetsgedächtnis von Piacenza des Jahres 1046, in: Verbum und Signum, Bd. 2 (München 1975) S. 79–95; Nachdruck in: Ders., Gebetsgedenken und adliges Selbstverständnis im Mittelalter (Sigmaringen 1983) S. 598–619

Seekel, F., Geistige Grundlagen Petrus Damianis untersucht am liber Gratissimus (Diss. phil. Berlin 1933)

Smith, M. H., And taking bread . . . Cerularios and the Azym Controversy of 1054 (Paris 1978)

Woody, K. M., Damiani and the Radicals (Diss. phil. Columbia University 1966)

Zimmermann, H., Papstabsetzungen des Mittelalters (Graz/Wien/Köln 1968)

Der Höhepunkt der Reformbestrebungen:

Cowdrey, H. E. J., The Papacy, the Patarens and the Church of Milan, in: Transactions of the Royal Historical Society, 5th Serie 18 (1968) S. 24–48

Cracco, G., Pataria: opus et nomen (tra verità ed autorità), in: Rivista di storia della chiesa in Italia 28 (1974) S. 357–387

Fornasari, G., Il sinodo guibertista del 1089 e il problem del celibato ecclesiastico, in: Studi Medievali, Serie terza 16 (1975) S. 259–292

Hirsch, E., Die Auffassung der simonistischen und schismatischen Weihen im 11. Jahrhundert besonders bei Kardinal Deusdedit, in: Archiv für katholisches Kirchenrecht 87 (1907) S. 25–70

Jordan, K., Die Stellung Wiberts von Ravenna in der Publizistik des Investiturstreites, in: MIÖG 62 (1954), S. 155–164; Nachdruck in: Ders.: Ausgewählte Aufsätze zur Geschichte des Mittelalters (Stuttgart 1980) S. 75–84 (mit Nachträgen S. 345–347)

Keller, H.; Pataria und Stadtverfassung, Stadtgemeinde und Reform: Mailand im „Investiturstreit", in: Investiturstreit und Reichsverfassung, hrsg. v. J. Fleckenstein (Sigmaringen 1973) S. 321–350

Robinson, I. St., Authority and Resistance in the Investiture Contest. The Polemical Literature of the Late Eleventh Century (Manchester 1978)

Ders., Eine unbekannte Streitschrift über die Sakramente von Exkommunizierten im Münchener Kodex Lat. 618, in: Stud Greg 11 (1978) S. 299–395

Schieffer, R., Spirituales latrones. Zu den Hintergründen der Simonieprozesse in Deutschland zwischen 1069 und 1075, in: HJb 92 (1972) S. 19–60

Ders., Die Romreise deutscher Bischöfe im Frühjahr 1070. Anno von Köln, Siegfried von Mainz und Hermann von Bamberg bei Alexander II., in: RhVjbl 35 (1971) S. 152–174

Schmidt, T., Alexander II. (1061–1073) und die römische Reformgruppe seiner Zeit (Stuttgart 1977)

Siegwart, J., Die Pataria des 11. Jahrhunderts und der heilige Nikolaus von Patara, in: Zeitschrift für schweizerische Kirchengeschichte 71 (1977) S. 30–92

Spinelli, G., Il sacerdozio ministeriale nella predicazione della pataria milanese, in: Benedictina 29 (1975) S. 91–118

Violante, C., I laici nel movimento patarino, in: I laici nella „societas christiana" dei secoli XI e XII (Mailand 1968) S. 597–687

Ders., Il movimenti patarini e la riforma ecclesiastica, in: Annuario dell'Università Cattolica del Sacro Cuore (Mailand 1957) S. 207–223

Ders., La pataria milanese e la riforma ecclesiastica, Bd. 1: Le premesse (1045–1057) (Rom 1955)

Ders., La società milanese nell'età precomunale (Bari ³1981)

Werner, E., Pauperes Christi. Studien zu sozial-religiösen Bewegungen im Zeitalter des Reformpapsttums (Leipzig 1956)

Ders., Pietro Damiani ed il movimento populare del suo tempo, in: Stud Greg 10 (1975) S. 287–315

Ziese, J., Wibert von Ravenna. Der Gegenpapst Clemens III. (1084–1100) (Stuttgart 1982)

4. Die Kontroverse um das Eucharistieverständnis:

Capitani, O., L'"affaire bérengarienne" ovvero dell'utilità delle monografie, in: Studi medievali, Serie terza 16 (1975) S. 353–378

Ders., Studi su Berengario di Tours (Lecce 1966)

Erdmann, C., Gregor VII. und Berengar von Tours, in: QFIAB 28 (1937/38) S. 48–74

Geiselmann, J. R., Die Eucharistielehre der Vorscholastik (Paderborn 1926)

Gibson, M., The Case of Berengar of Tours, in: Councils and Assemblies, hrsg. v. G. Cuming/D. Baker (Cambridge 1971) S. 61–68

Dies., Lanfranc of Bec (Oxford 1978)

Hödl, L., Die confessio Berengarii von 1059. Eine Arbeit zum frühscholastischen Eucharistietraktat, in: Scholastik 37 (1962) S. 370–394

Huygens, R. B. C., Bérenger de Tours, Lanfranc et Bernold de Constance, in: Sacris Erudiri 16 (1965) S. 355–403

Jorissen, H., Die Entfaltung der Transsubstantiationslehre bis zum Beginn der Hochscholastik (Münster i. W. 1965)

Kandler, K.-H., Die Abendmahlslehre Kardinal Humberts und ihre Bedeutung für das gegenwärtige Abendmahlsgespräch (Berlin/Hamburg 1971)

Ladner, G., Theologie und Politik vor dem Investiturstreit. Abendmahlsstreit, Kirchen-
reform, Cluni und Heinrich III. (Baden bei Wien/Brünn/Leipzig/Prag 1936)
Macdonald, A. J., Berengar and the Reform of Sacramental Doctrine (London 1930)
de Montclos, J., Lanfranc et Bérenger. La controverse eucharistique du XIe siècle
(Louvain 1971)
Schnitzer, J., Berengar von Tours, sein Leben und seine Lehre (Stuttgart 1892)
Somerville, R., The Case against Berengar of Tours. A New Text, in: Stud Greg 9 (1972)
S. 53–75

5. Die Entwicklungen im Ordenswesen:

Allgemeines:

Dizionario degli istituti di perfezione (Rom 1977 ff.)
Heimbucher, M., Die Orden und Kongregationen der katholischen Kirche, 2 Bde.
(Paderborn ³1933/34; ND 1965)
Istituzioni monastiche e istituzioni canonicali in Occidente (1123–1215) (Mailand 1980)
Laudage, J., Priesterbild und Reformpapsttum im 11. Jahrhundert (Köln/Wien 1984)
Il monachesimo e la riforma ecclesiastica (1049–1122) (Mailand 1971)
Monasteri in alta Italia dopo le invasioni saracene e magiare (sec. X–XII) (Turin 1966)
Schreiber, G., Gemeinschaften des Mittelalters. Recht, Verfassung, Kult und Frömmig-
keit (Regensburg/Münster i. W. 1948)
Szabó-Bechstein, B., Libertas Ecclesiae. Ein Schlüsselbegriff des Investiturstreits und
seine Vorgeschichte. 4.-11. Jahrhundert (Rom 1985)
Violante, C., Studi sulla cristianità medioevale (Mailand ²1975)

Das benediktinische Mönchtum:

Boesch Gajano, S., Storia e tradizione vallombrosane, in: Bulletino dell'Istituto Storico
Italiano per il medio evo 76 (1964) S. 99–215
Büttner, H., Abt Wilhelm von Hirsau und die Entwicklung der Rechtsstellung der
Reformklöster im 11. Jahrhundert, in: Zeitschrift für Württembergische Landesge-
schichte 25 (1966) S. 321–338
Bredero, A. H., Cluny et Cîteaux au XIIe siècle: les origines de la controverse, in: Studi
Medievali, Serie terza 12,1 (1971) S. 135–175
Bulst, N., Untersuchungen zu den Klosterreformen Wilhelms von Dijon (962–1031)
(Bonn 1973)
Die Cistercienser, hrsg. v. A. Schneider u. a. (Köln 1974)
Cluny. Beiträge zu Gestalt und Wirkung der cluniazensischen Reform, hrsg. v. H.
Richter (Darmstadt 1975)
A Cluny. Congrès scientifique (Dijon 1950)
Cluny in Italia e in Europa. Atti del Convegno di Pescia (Cesena 1984)

Consuetudines Monasticae. Eine Festgabe für K. Hallinger, hrsg. v. J. Angerer und J. Lenzenweger (Rom 1982)

Cowdrey, H. E. J., The Age of Abbot Desiderius (Oxford 1983)

Ders., The Cluniacs and the Gregorian Reform (Oxford 1970)

Ders., Two Studies in Cluniac History 1049–1126, in: Stud Greg 11 (1978) S. 5–298

Devos, J. C., L'abbaye St-Victor de Marseille et la réforme grégorienne, in: Mélanges R. Busquet (Marseille 1956) S. 32–40

Dormeier, H., Montecassino und die Laien im 11. und 12. Jahrhundert (Stuttgart 1979)

Fechter, J., Cluny, Adel und Volk. Studien über das Verhältnis des Klosters zu den Ständen 910–1156 (Stuttart 1966)

Fischer, M., Studien zur Entstehung der Hirsauer Konstitutiones (Stuttgart 1910)

Neue Forschungen über Cluny und die Cluniacenser, hrsg. v. G. Tellenbach (Freiburg i. Br. 1959)

Guillaume, P., Essai historique sur l'abbaye de Cava d'après des documents inédits (Cava dei Tirreni 1877)

Hallinger, K., Gorze-Kluny. Studien zu den monastischen Lebensformen und Gegensätzen im Hochmittelalter, 2 Bde. (Rom 1950/51; Nachdruck: Graz 1971)

Ders., Das Phänomen der liturgischen Steigerungen Klunys (10./11. Jh.), in: Studia Historico-ecclesiastica. Festgabe für P. L. Spätling, hrsg. v. I. Vazquez (Rom 1977) S. 183–236

Hunt, N., Cluny under Saint Hugh 1049–1109 (London 1967)

Jakobs, H., Der Adel in der Klosterreform von St. Blasien (Köln/Graz 1968)

Ders., Die Hirsauer. Ihre Ausbreitung und Rechtsstellung im Zeitalter des Investiturstreites (Köln/Graz 1961)

Lekai, L. J., The Cistercians. Ideals and reality (Kent State University Press 1977)

Mehne, J., Cluniacenserbischöfe, in: FMST 11 (1977) S. 241–287

Ders., Das Verhältnis der Cluniacenser zum Papsttum und zum Episkopat im Spiegel des cluniacensischen Totengedächtnisses (Diss. Freiburg i. Br. 1974)

Cluniac Monasticism in the Central Middle Ages, hrsg. v. N. Hunt (London 1971)

Sackur, E., Die Cluniacenser in ihrer kirchlichen und allgemeingeschichtlichen Wirksamkeit bis zur Mitte des 11. Jahrhunderts, 2 Bde. (Halle a. S. 1892/94)

Schieffer, Th., Cluny et la querelle des Investitures, in: RH 225 (1961) S. 47–72; deutschsprachiger Nachdruck unter dem Titel: Cluny und der Investiturstreit, in: Cluny, hrsg. v. H. Richter (Darmstadt 1975) S. 226–253

Schmid, P., Die Entstehung des Marseiller Kirchenstaates, in: AUF 10 (1928) S. 176–207 und AUF 11 (1930) S. 138–152

Schreiber, G., Kurie und Kloster im 12. Jahrhundert, 2 Bde. (Stuttgart 1910)

Semmler, J., Die Klosterreform von Siegburg (Bonn 1959)

Smith, L. M., Cluny and Gregory VII, in: EHR 26 (1911) S. 20–33; deutschsprachiger Nachdruck unter dem Titel: Cluny und Gregor VII., in: Cluny, hrsg. v. H. Richter (Darmstadt 1975) S. 22–42

Tarani, F. F., L'ordine vallombrosano. Note storico-cronologiche (Rom 1921)

Teske, W., Laien, Laienmönche und Laienbrüder in der Abtei Cluny, in: FMST 10 (1976) S. 248–332 und FMST 11 (1977) S. 228–339

de Valous, G., Cluny, in: DHGE 13 (1956) Sp. 35–174

Ders., Le monachisme clunisien des origines au XVᵉ siècle, 2 Bde. (Paris ²1974)

Werner, E., Die gesellschaftlichen Grundlagen der Klosterreform im 11. Jahrhundert (Berlin 1953)

Wollasch, J., Der Einfluß des Mönchtums auf Reich und Kirche vor dem Investiturstreit, in: Reich und Kirche vor dem Investiturstreit, hrsg. v. K. Schmid (Sigmaringen 1985) S. 35–48

Ders., Neue Methoden zur Erforschung des Mönchtums im Mittelalter, in: HZ 225 (1977) S. 529–571

Ders., Mönchtum des Mittelalters zwischen Kirche und Welt (München 1973)

Ders., Die Überlieferung cluniacensischen Totengedächtnisses, in: FMST 1 (1967) S. 389–401

Die Zisterzienser. Ordensleben zwischen Ideal und Wirklichkeit, hrsg. v. K. Elm u. a. (Bonn 1980)

Die Eremitenbewegung:

Becquet, J., La règle de Grandmont, in: Bulletin de la societé archéologique et historique du Limousin 87 (1958) S. 9–36

Bligny, B., Recueil des plus anciens actes de la Grande-Chartreuse (1086–1196) (Grenoble 1958)

Blum, O. J., St. Peter Damian. His Teaching on the Spiritual Life (Washington D. C. 1947)

Cacciamani, G. M., Le fondazioni eremitiche e coenobitiche di San Pier Damiano, in: Ravennatensia, Bd. 5 (Cesena 1976) S. 5–33

Capitani, O., San Pier Damiani e l'istituto eremitico, in: L'eremitismo in occidente nei secoli XI e XII (Mailand 1965) S. 122–163

Cappelli, B., Il Mercurion, in: Archivio storico per la Calabria e la Lucania 25 (1956) S. 43–62

Dereine, Ch., La spiritualité „apostolique" des premiers fondateurs d'Afflighem (1083–1100), in: RHE 54 (1959) S. 41–65

Dressler, F., Petrus Damiani. Leben und Werk (Rom 1954)

Dubois, J., Quelques problèmes de l'histoire de l'ordre des Chartreux à propos de livres récents, in: RHE 63 (1968) S. 27–54

L'eremitismo in occidente nei secoli XI e XII (Mailand 1965)

Fonte Avellana nel suo millenario, Bd. 1: Le origini und Bd. 2: Idee, figure, luoghi (Fonte Avellana 1982/83)

Fonte Avellana nella società dei secoli XI e XII (Fonte Avellana 1979)

Franke, W., Romuald von Camaldoli und seine Reformtätigkeit zur Zeit Ottos III. (Berlin 1913; Nachdruck: Vaduz 1965)

Hamilton, B., S. Pierre Damien et les mouvements monastiques de son temps, in: Stud Greg 10 (1975) S. 175–202

Die Kartäuser. Ein umfassende Geschichte der schweigsamen Mönche, hrsg. v. M. Zaduikar (Köln 1980)

Kurze, W., Campus Malduli. Die Frühgeschichte Camaldolis, in: QFIAB 44 (1964) S. 1–34

Ders., Zur Geschichte Camaldolis im Zeitalter der Reform, in: Il monachesimo e la riforma ecclesiastica (1049–1122) (Mailand 1971) S. 339–415

Laqua, H.-P., Traditionen und Leitbilder bei dem Ravennater Reformer Petrus Damiani 1042–1052 (München 1976)

Leclercq, J., Saint Pierre Damien. Ermite et homme d'église (Rom 1960)

Lucchesi, G., Clavis s. Petri Damiani, in: Studi su San Pier Damiani in onore cardinale A. G. Cicognani = Bibl. Card. G. Cicognani 5 (1961) S. 249–407; als Monographie: (Faenza ²1970)

Ders., Per una Vita di San Pier Damiani, in: San Pier Damiano nel IX centenario della morte, Bd. 1 (Cesena 1972) S. 13–179 und Bd. 2 (Cesena 1972) S. 13–160

Mattei-Cerasoli, L., La Badia di Cava e i monasteri greci della Calabria superiore, in: Archivio storico per la Calabria e la Lucania 8 (1938) S. 167–185, S. 265–285 und 9 (1939) S. 279–318

Miccoli, G., Chiesa gregoriana. Ricerche sulla riforma del secolo XI (Florenz 1966)

Palazzini, P., S. Pier Damiani eremita e priore a Fonte Avellana, in: Stud Greg 10 (1975) S. 69–110

Ders., Spiritualità eremitica di S. Pier Damiani e dei suoi discepoli a Fonte Avellana, in: Divinitas 16 (1972) S. 353–388

Petrocchi, M., Note su Fonte Avellana. Gli opuscoli 14 e 15 di San Pier Damiani e l'ideale eremitico, in: Aspetti dell'Umbria dall'inizio del secolo VIII alla fine del secolo XI (Perugia 1966) S. 243–254

San Pier Damiano nel IX centenario della morte (1072–1972), 3 Bde. (Cesena 1972/73)

Reindel, K., Neue Literatur zu Petrus Damiani, in: DA 32 (1976) S. 405–443

della Santa, M., Ricerche sull'idea monastica di San Pier Damiano (Arezzo 1961)

Die Kanonikerreform:

Backmund, N., Die Chorherrenorden und ihre Stifte in Bayern. Augustinerchorherren, Prämonstratenser, Chorherren vom Hl. Geist, Antoniter (Passau 1966)

Bardy, G., Saint Grégoire VII et la réforme canoniale au XIᵉ siècle, in: Stud Greg 1 (1947) S. 47–64

Bauer, J. J., Die vita canonica der katalanischen Kathedralkapitel vom 9. bis zum 11. Jahrhundert, in: Homenaje a J. Vincke, Bd. 1 (Madrid 1962) S. 81–112

Ders., Die vita canonica an den katalanischen Kollegiatkirchen im 10. und 11. Jahrhundert, in: Spanische Forschungen, Gesammelte Aufsätze zur Kulturgeschichte Spaniens 21 (Münster i. W. 1963) S. 54–82

Bligny, B., L'église et les ordres religieux dans le royaume de Bourgogne aux XIᵉ e XIIᵉ siècles (Grenoble 1960)

Bogumil, K., Das Bistum Halberstadt im 12. Jahrhundert (Köln/Wien 1972)

Boshof, E., Bischof Altmann, St. Nikola und die Kanonikerreform. Das Bistum Passau im Investiturstreit, in: Tradition und Entwicklung. Gedenkschrift für J. Riederer, hrsg. v. K.-H. Pollok (Passau 1981) S. 317–345

Bosl, K., Regularkanoniker (Augustinerchorherren) und Seelsorge in Kirche und Gesellschaft des europäischen 12. Jahrhunderts (München 1979)

Châtillon, J., La crise de l'Eglise aux XIe et XIIe siècles et les origines des grands féderations canoniales, in: Revue d'histoire de la spiritualité 53 (1977) S. 3–45

Classen, P., Gerhoch von Reichersberg. Eine Biographie (Wiesbaden 1960)

Ders., Gerhoch von Reichersberg und die Regularkanoniker in Bayern und Österreich, in: La vita comune del clero nei secoli XI e XII, Bd. 1 (Mailand 1962) S. 304–340

Denzler, G., Die Kanonikerbewegung und die gregorianische Reform im 11. Jahrhundert, in: Stud Greg 9 (1972) S. 223–237

Dereine, Ch., Chanoines (des origines au XIIIe siècle), in: DHGE 12 (1953) Sp. 353–405

Ders., Les chanoines réguliers au diocèse de Liège avant Saint Norbert (Brüssel 1952)

Ders., L'élaboration du statut canonique des chanoines réguliers, spécialement sous Urbain II, in: RHE 46 (1951) S. 534–565

Ders., Le premier ordo de Prémontré, in: Revue Bénédictine 58 (1948) S. 84–92

Ders., Les origines de Prémontré, in: RHE 42 (1947) S. 352–378

Ders., Saint Ruf et ses coutumes aux XIe et XIIe siècles, in: Revue Bénédictine 59 (1949) S. 161–182

Ders., Vie commune, règle de saint Augustin et chanoines réguliers au XIe siècle, in: RHE 41 (1946) S. 365–406

Ders., La „Vita Apostolica" dans l'ordre canonial du IXe au XIe siècle, in: Revue Mabillon 51 (1961) S. 47–53

Engels, O., Episkopat und Kanonie im mittelalterlichen Katalonien, in: Spanische Forschungen, Gesammelte Aufsätze zur Kulturgeschichte Spaniens 21 (1963) S. 89–135

Fonseca, C. D., Le canoniche regolari riformate dell'Italia nord-occidentale, in: Monasteri in alta Italia dopo le invasioni saracene e magiare (sec. X–XII) (Turin 1966) S. 335–382

Ders., Medioevo canonicale (Mailand 1970)

Fuhrmann, H., Papst Urban II. und der Stand der Regularkanoniker (München 1984)

Giusti, M., Le canoniche della città e diocesi di Lucca al tempo della riforma gregoriana, in: Stud Greg 3 (1948) S. 321–367

Grauwen, W. M., De augustijner kannuniken te Halberstadt in de 12de eeuw, in: Analecta Praemonstratensia 49 (1973) S. 321–325

Ders., Norbertus aartsbisshop van Maagdenburg (1126–1134) (Brüssel 1978)

Kittel, E., Der Kampf um die Reform des Domkapitels in Lucca im 11. Jahrhundert, in: Festschrift A. Brackmann, hrsg. v. L. Santifaller (Weimar 1931) S. 207–247

Laqua, H.-P., Traditionen und Leitbilder bei dem Ravennater Reformer Petrus Damiani 1042–1052 (München 1976)

Maccarrone, M., I papi del secolo XII e la vita comune del clero, in: La vita comune del clero nei secoli XI e XII, Bd. 1 (Mailand 1962) S. 349–411

Miccoli, G., Pier Damiani e la vita comune del clero, in: La vita comune del clero nei secoli XI e XII, Bd. 1 (Mailand 1962) S. 186–211; auch in: Ders., Chiesa gregoriana. Ricerche sulla riforma del secolo XI (Florenz 1966) S. 75–100

Milis, L., L'ordre des chanoines réguliers d'Arrouaise, 2 Bde. (Brügge 1969)

Mois, J., Das Stift Rottenbuch in der Kirchenreform des XI. und XII. Jahrhunderts (München 1953)

Morin, G., Règlements inédits du pape St Grégoire VII pour les chanoines réguliers, in: Revue Bénédictine 18 (1901) S. 177–183

Norbert von Xanten, hrsg. v. K. Elm (Köln 1984)

Pauly, F., Springiersbach. Geschichte des Kanonikerstifts und seiner Tochtergründungen im Erzbistum Trier von den Anfängen bis zum Ende des 18. Jahrhunderts (Trier 1962)

Poggiaspalla, F., La vita comune del clero dalle origini alla riforma gregoriana (Rom 1968)

Secundum regulam vivere. Festschrift für P. N. Backmund, hrsg. v. G. Melville (Windberg 1978)

Rottenbuch. Das Augustinerchorherrenstift im Ammergau, hrsg. v. H. Pörnbacher (Weißhorn 1980)

Samaritani, A., Gebeardo di Eichstätt, arcivescovo di Ravenna (1027–1044) e la riforma imperiale della chiesa in Romagna, in: Analecta Pomposiana 3 (1967) S. 109–140

Siegwart, J., Die Chorherren- und Chorfrauengemeinschaften in der deutschsprachigen Schweiz bis 1160 (Freiburg i. Ue. 1962)

Schieffer, R., Die Entstehung von Domkapiteln in Deutschland (Bonn 1976)

Schmale, F.-J., Kanonie, Seelsorge, Eigenkirche, in: HJb 78 (1959) S. 38–63

Schmidt, T., Alexander II. (1061–1073) und die römische Reformgruppe seiner Zeit (Stuttgart 1977)

Ders., Die Kanonikerreform in Rom und Papst Alexander II. (1061–1073), in: Stud Greg 9 (1972) S. 201–221

La vita comune del clero nei secoli XI e XII, 2 Bde. (Mailand 1962)

Weinfurter, St., Bemerkungen und Corrigenda zu Karl Bosls „Regularkanoniker und Seelsorge", in: AKG 62/63 (1980/81) S. 381–395

Ders., Neuere Forschung zu den Regularkanonikern im deutschen Reich des 11. und 12. Jahrhunderts, in: HZ 224 (1977) S. 379–397

Ders., Norbert von Xanten – Ordensstifter und „Eigenkirchenherr", in: AKG 59 (1977) S. 66–98

Ders., Reformkanoniker und Reichsepiskopat im Hochmittelalter, in: HJb 97/98 (1978) S. 158–193

Ders., Salzburger Bistumsreform und Bischofspolitik im 12. Jahrhundert. Der Erzbischof Konrad I. von Salzburg (1106–1147) und die Regularkanoniker (Köln/Wien 1975)

Werminghoff, A., Die Beschlüsse des Aachener Concils im Jahre 816, in: NA 27 (1902) S. 605–675

ABBILDUNGEN

Abb. 1:   Mutter Kirche inmitten von Klerus und Volk

Abb. 2: Thronender Papst

Abb. 3: Thronender Kaiser mit einem Grafen

Abb. 4: Markgraf Tedald von Canossa (+ 1013/15) mit Frau und Söhnen

Abb. 5: König Heinrich IV. (1056-1106) vor Abt Hugo von Cluny und Markgräfin Mathilde von Tuszien

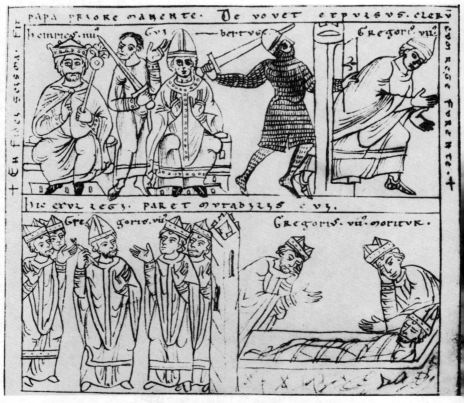

Abb. 6:   Szenen aus dem Leben Papst Gregors VII. (1073-1085)

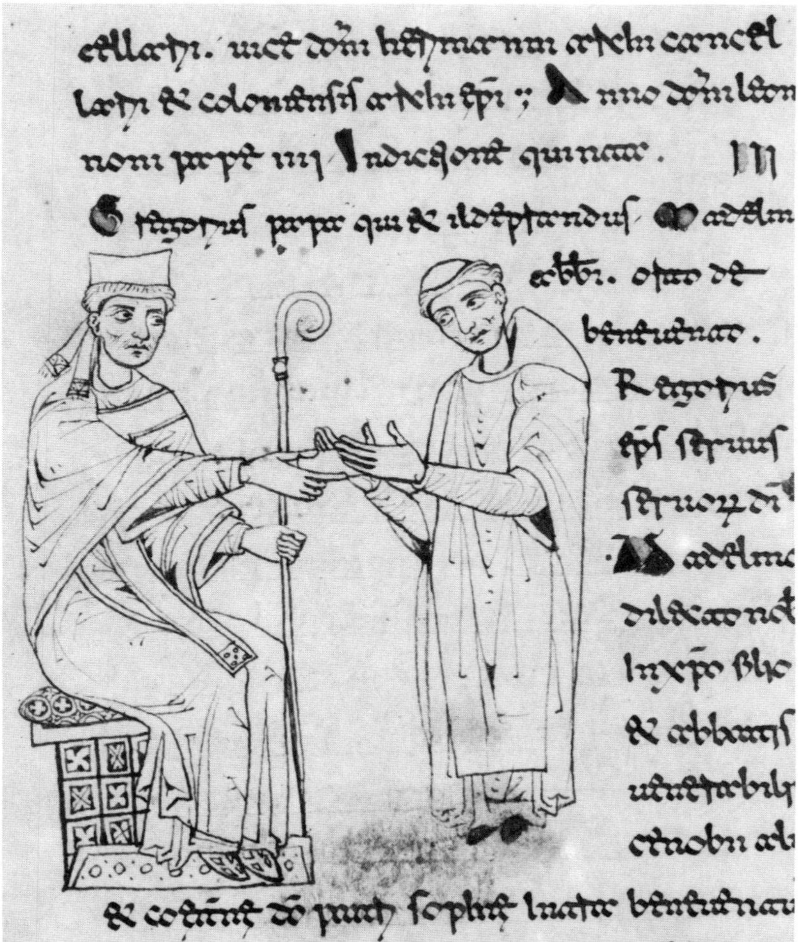

Abb. 7:   Papst Gregor VII. bei der Überreichung eines Privilegs

Abb. 8:   Privilegierung eines Klosters
durch Papst Gelasius II. (1118-1119)

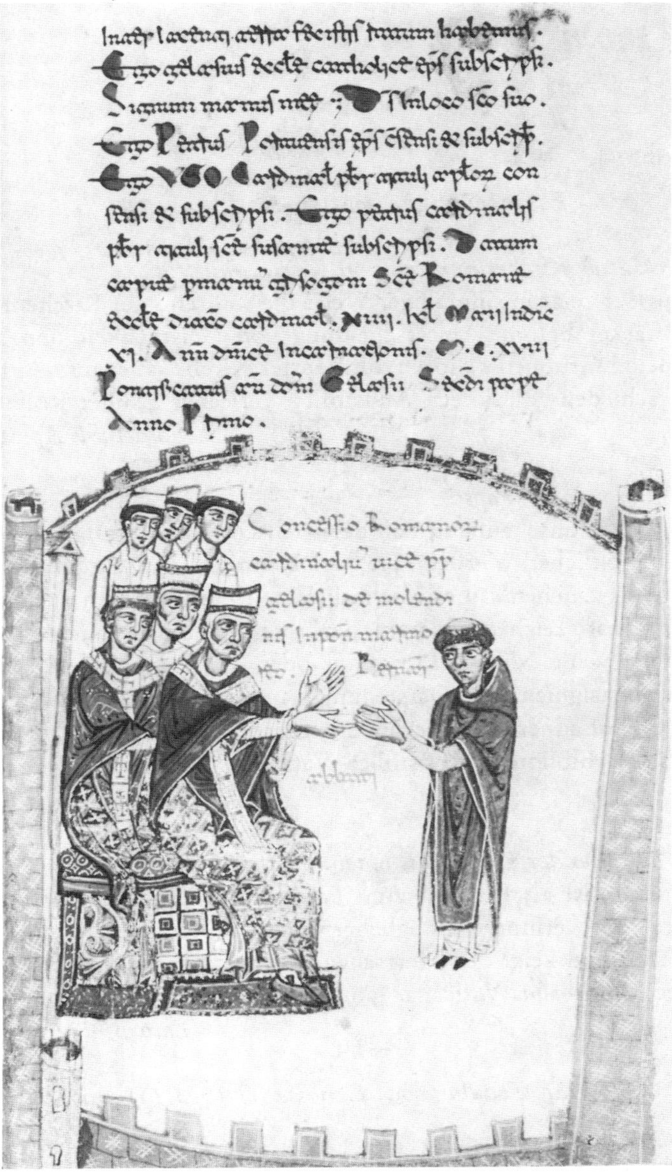

Abb. 9: Übergabe einer Urkunde durch einige Kardinäle

Erläuterungen zu den Abbildungen

Abb. 1: Mutter Kirche inmitten von Klerus und Volk.
Die Miniatur zeigt in sinnfälliger Weise die während der Kirchenreform immer stärker betonte Unterscheidung von Geistlichkeit und Laienstand. Beide Gruppen gehören zur Mutter Kirche, aber ihre Aufgaben sind verschieden. Biblioteca Apostolica Vaticana, Exultet-Rolle Barb. lat. 592. *Foto Bibl. Apost. Vat.*

Abb. 2: Thronender Papst.
Das Bildnis veranschaulicht, daß der römische Bischof zugleich geistlicher und weltlicher Würdenträger ist. Denn der Papst trägt nicht nur den Ring als Zeichen seines bischöflichen Amtes, sondern auch weltliche Herrschaftszeichen. Sowohl der rote Mantel als auch die spitz zulaufende weiße Mütze (Phrygium oder Tiara) waren ursprünglich kaiserliche Insignien. Die Darstellung ist möglicherweise ein „pictorial echo" (G.B. Ladner) auf die äußere Erscheinung Papst Gregors VII. (1073–1085). Biblioteca Apostolica Vaticana, Exultet-Rolle Barb. lat. 592. *Foto Bibl. Apost. Vat.*

Abb. 3: Thronender Kaiser mit einem Grafen.
Die Miniatur ist als Pendant zum Papstbildnis derselben Handschrift angelegt. Sie erinnert möglicherweise an Kaiser Heinrich III. (1039–1056) und zeigt den Herrscher inmitten von weltlichen Großen. Biblioteca Apostolica Vaticana, Exultet-Rolle Barb. lat. 592. *Foto Bibl. Apost. Vat.*

Abb. 4: Markgraf Tedald von Canossa († 1013/15) mit Frau und Söhnen.
Bemerkenswert an dieser Miniatur ist die Darstellung des Bischofs Tedald von Arezzo (1023–1036). Denn dieser trägt eine „mitra bicor-

nis", hält den Bischofsstab in der Hand und sitzt auf seiner „cathedra".
Biblioteca Apostolica Vaticana, Codex Vat. lat. 4922, fol. 21 v.

Foto Bibl. Apost. Vat.

Abb. 5: König Heinrich IV. (1056–1106) von Abt Hugo von Cluny und Markgräfin Mathilde von Tuszien.
Die Darstellung veranschaulicht den Umstand, daß Heinrich während seiner Auseinandersetzung mit Papst Gregor VII. seinen Taufpaten Hugo von Cluny († 1100) und die Gräfin Mathilde von Tuszien († 1115) um Vermittlung bat. Biblioteca Apostolica Vaticana, Codex Vat. lat. 4922, fol. 49 r. *Foto Bibl. Apost. Vat.*

Abb. 6: Szenen aus dem Leben Papst Gregors VII. (1073–1085).
Die Bildfolge zeigt die Erhebung des Erzbischofs Wibert von Ravenna († 1100) zum Gegenpapst, die gewaltsame Vertreibung Gregors VII. aus Rom, die anschließende Bannung König Heinrichs IV. († 1106) und den Tod Gregors im normannischen Exil zu Salerno. Universitätsbibliothek Jena, Codex Jenensis Bose q. 6. fol. 79 r. *Bildarchiv Foto Marburg*

Abb. 7: Papst Gregor VII. bei der Überreichung eines Privilegs.
Die Federzeichnung ist eine der ältesten bildlichen Darstellungen des Reformpapstes und zeigt diesen als geistlichen Würdenträger (also mit Mitra, Krummstab und Thron). Biblioteca Apostolica Vaticana, Codex Vat. lat. 4939, fol. 142 v. *Foto Bibl. Apost. Vat.*

Abb. 8: Privilegierung eines Klosters durch Papst Gelasius II. (1118–1119).
Die Miniatur hält in kontinuierender Darstellungsform drei Vorgänge fest: Die Überreichung der Urkunde an zwei Mönche des Klosters S. Sofia in Benevent, die anschließende Überbringung des Dokuments an den Abt und die Entsendung eines Boten, der den Inhalt des Privilegs bekanntmachen soll. Bemerkenswert ist die Tatsache, daß die Krümme des päpstlichen Stabes nachträglich ausradiert wurde. Biblioteca Apostolica Vaticana, Codex Vat. lat. 4939, fol. 151 r.

Foto Bibl. Apost. Vat.

Abb. 9: Übergabe einer Urkunde durch einige Kardinäle.
Das Bild dokumentiert die im Zuge der Kirchenreform sprunghaft ansteigende Bedeutung des Kardinalkollegiums im Rechtsalltag der römischen Kirche. Nicht Papst Gelasius II. selbst, sondern einige seiner Kardinäle übergeben ein Privileg zugunsten des Klosters S. Sofia in Benevent. Biblioteca Apostolica Vaticana, Codex Vat. lat. 4939, fol. 152 r.   *Foto Bibl. Apost. Vat.*